Vera Hewener

In der Saar schwimmen
keine Krokodile

Gegenwartslyrik und Texte

Edition Calamus

Über das Buch

Von Saarstücken, Mondfischen, Chancengleichheit, Kompromissbereitschaft und Paradiesen handelt die neue Gegenwartslyrik von Vera Hewener. Sie ist wie ein intellektueller Kompass, mit dem sie durch die aktuelle gesellschaftliche Topographie navigiert. Dies geschieht in einer originellen, teils witzigen Sprache. Mit Humor und Ironie treibt sie Absurditäten auf die Spitze, oft mit überraschendem Ausgang. Eher konkret ist die Landschafts- und Naturlyrik, mit der sie den Leser einlädt, ins Weite zu blicken oder innezuhalten, um vielseitige Einblicke in magische Landschaften zu entdecken. Sie gehört dabei zu jenen Autoren der Gegenwart, die verständlich bleiben und Lyrik auch als wohltuenden Wortklang verstehen.

Über die Autorin

Vera Hewener, *1955 in Saarwellingen, studierte Betriebswirtschaft, Sozialarbeit und Sozialpädagogik, lebt in Püttlingen, arbeitet in Saarbrücken. Für ihr literarisches Werk erhielt Vera Hewener mehrere internationale Literaturpreise und Auszeichnungen, u.a. den Superpremio Cultura Lombarda vom Centro Europeo di Cultura Rom (I) 2001, den Grand Prix Européen de Poésie vom Centre Européen pour la Promotion des Arts et des Lettres Thionville (F) 2005, zuletzt Goethepreis 2013.

Pressestimmen

„Anspruchsvoll und ungewöhnlich zugleich." (SZ 25./26.11.2000)
In ihrer Gegenwartslyrik „hagelt es sogar so viele Wortgags, dass man gerne bei manchen verweilen möchte. Sie ist eine politische Autorin." (SZ, 17.11.2003)
„In Heweners Gedichten überlagern sich die Zeiten und Epochen. Die Vergangenheit ist in ihren Zeilen ebenso nah wie die Gegenwart. Die Gedichte sind im wahren Sinne des Wortes farbenfroh." (SZ, 29.07.2009)
„Jedes Wort schillert und ruft ein Bild hervor..... Vera Hewener baut aus dem, was sie sieht, kleine Wortkunstwerke."
(07.11.2011)

Vera Hewener

In der Saar schwimmen keine Krokodile

Gegenwartslyrik und Texte

Edition Calamus

Die Deutsche Bibliothek verzeichnet diese Publikation in der Deutschen Nationalbibliografie; detaillierte bibliografische Daten sind im Internet unter www.http://dnb.dnb.de abrufbar.

Herstellung und Verlag:
BoD - Books on Demand, Norderstedt

Umschlaggestaltung: Künzer Kommunikation Homburg
Printed in Germany
1. Auflage 2015

ISBN 9783738635676
9,90 EURO

Wasserspiele

„Keine Wahrheit ist also gewisser, von allen andern unabhängiger und eines Beweises weniger bedürftig, als diese, dass alles, was für die Erkenntnis da ist, also diese ganze Welt, nur Objekt in Beziehung auf das Subjekt ist, Anschauung des Anschauenden, mit einem Wort, Vorstellung." *Arthur Schopenhauer* in „*Die Welt als Vorstellung*", *1. Band.*

Kleines Saarstück

1
Aus der Traufe der Steinwände
entspringen in den Vogesen
zwei Flüsse rot und weiß,
rinnen durch Wälder und Wiesen.

Oh kleine Gewässer,
Schlachten liegen in der Luft.

Einsamer Lauf zwischen Grenzen,
treffen sich Teile eines Ganzen:
ein Fluss, eine Richtung, ein Land.

Oh Saravus, Sarre, Saar,
Wasser kennt keine Grenzen.

Oh Strom, Grenzüberwinder,
grundständiger Tiefer,
auf dem Weg in die Weite.

2
Durch die Stadt der vielen Brücken
fließt das Wasser der Saar,
unter dem Gewölbe des Himmels,
Blaustich für Blaustich.

Ein Fürstengeschlecht hängt in der Luft,
das ging und nicht wiederkam.

Die Saar hat viele Schleppen
von der Farbe der Platanen.
Doch braun ist das Bett,
die Kunst ein Theater.

Oh braunes Blut,
das in den Schleppen verging!

3
Ein Fluss der Spektakel,
zerflossene Geschichte,
dein Streben teilt die Stadt.

Ein Zug durchdringt die Luft,
gezwitschert von Vogel zu Vogel.

Von Brücke zu Brücke
ein anderes Grün,
die gelben Margeriten,
die roten Tamarisken,
braun ist der Grund, schwarzes Land.

Eine Liebe hängt in der Luft
wie die Farbenlehre der Jahre.

4
Durch die Stadt der vielen Brücken
strömt die Wasserader Saar.
Sie fällt von Staustufe zu Staustufe.

Oh blaues Blut
läuft aus deinem Rachen.

Ein Strom für Drachenboote,
ein Ufer weißer Tische,
Glockentürme über dir.

Ein Regenbogen hängt in der Luft,
Farbenspiele des Himmels

Die Haine der Eichen,
die Stämme aus Bast,
die an Grenzen nicht enden.

Oh Liebe, die du warst,
kamst und nicht gingst.
Wer kann dich mir nehmen,
wer deine blutigen Blätter reinigen?

Oh blaues Blut,
das im Lauf des Wassers verschwimmt.

Wasserbruch

Manchmal beklage ich das Wasser,
das, ohne zu fragen, die Richtung wechselt
und nicht nach den Fischen fragt.

Welches Meeresgetier irrt nicht,
wenn die Strömung unüberwindliche Soge
erfindet, Strudel, die uns in die Tiefe reißen.

Im Untergegangenen forschen viele
nach den Ursachen der Unwetter.
Schatzsucher wertvoller Gründe
wirbeln Staub auf.

Wer kann schwimmen, wenn selbst
die Abgründe nicht zu erkennen sind,
wenn im tiefen Ozean Vulkane brodeln.

Mir aber bleibt die Schuppenhaut,
um die Reibung auszuhalten,
mich durchzuschlängeln
in die oberen Schichten der Klärung,
bis das Wasser wieder klar und ruhig fließt
und die Haut sich erneuern kann.

Stadt der Brücken

Die vielen Brücken, die alte Tage verbinden
und eine Straße der Zuflucht übermauern,
darunter der Fluss ohne Wiederkehr strömt,
ohne Rücksicht auf Zurückgelassenes,
legen mir die Morgendämmerung in die Hand,
meine und deine, dass wir den Aufgang der Sonne
wie Kinder bestaunen, den milde gewordenen Wind
allen Anfangs spüren,
dass all die vergangenen Tage nur der Weg
in neue Tage war, dass wir all die alten Tage
Hand in Hand durchliefen und wir trotz
der Sternenverlassenheit immer Licht sahen,
lässt uns die Stadt der verlassenen Häuser
noch grauer erscheinen und unser Haus
als ein kleines unter all den Palästen
der Tränen und Trauer,
das wir von Brücke zu Brücke
immer wieder neu errichteten
mit neuen Zimmern
und Fenstern mit Aussicht

Wasserspiele

Das Wasser, das in seiner Erscheinung
durchsichtiges Medium der Materie ist,
sickert in unseren Körpern wie ein Fluss
durch die Zeit, die bestimmt oder unbestimmt,
die Gegenwart begrenzt.

Lange bevor wir austrocknen
verlässt es uns als Schweiß,
Perlen der Anstrengung, ungeliebte Dinge
sorgfältig durch den Tag zu leiten,
als sei es das einzige Glück des Lebens,
den Anforderungen unserer Existenz
nachzukommen.

Wir fließen mit ihrem Fluss, ununterbrochen,
die Fließfähigkeit unserer Gedanken prüfend,
wissend, dass niemandes Ausscheren
das Versickern aufhält,
wie sehr unser Spiegelbild
im Glanz eines Lichts auch scheint.

Im Schlaf finden wir zurück zu Träumen,
die, einer frischen Quelle entsprungen,
uns von Grund auf das Schwimmen lehrten.

Wir rudern alle mit Segeln,
die das Windspiel des Meeres
aufbläht und wieder verfallen lässt,
wie unendlich tief,
unendlich weit,
unendlich blau,
es uns auch immer umspült.

Schwimmversuch

Endlose Weite, Weite ohne Ziel, die sich
ins nicht mehr Erkennbare durchschlägt
und sich auflöst, ohne zurück zu schauen.

Ziellose Tage, die nichts hinterließen,
als eine Treppe ohne Stufen, die uneinnehmbar
den Blick nach oben zwang,
ahnen, dass eine unnütze Wand
keinem Sturm standhalten wird,
darauf warten, dass die Wolkenansammlung
dunkel genug scheint, um den Dorn ins Sturmauge
zu stoßen, damit der Wasserfall
die Treppe zum Einstürzen bringt,
dass uns die Flut nach oben spült
ins ewige Blau des Himmelreichs.

So lernten wir schwimmen, dem Fluss zu folgen,
der uns mitreißt mit seiner ewigen Strömung
in die Weite des Horizonts.

Die Klage des Wassers

Haltet das Wasser
tragt es nicht fort
in der Quelle des Flussbetts
ruht mein Herz wie von allein

verlassen klingt die weiße Farbe
ohne mehrstimmigen Gesang
vom Schloss sickert das Aroma
der Orangerie mit neuen Würzen

Ihr aber, die ihr Haus und Hof
schon versteigert
werdet zu den letzten eurer Art
die fernen Hände
schöpften das Wasser schon aus

es ist leerer geworden
aber es ist immer noch voller Freude

Babylon

Die Keuschheit der Fermate
heuchelt den Stillstand
der Flussstadt

die Wassermusik der Brunnen
das allerälteste Lied
hat dir Hörner wachsen lassen
ein Paradies eigener Gesetze

die Spieluhr ist neu aufgezogen
der Glockenturm des Rathauses ruft
nach neuen Gebeten

die Sprachverwirrung ist groß

Mondfisch

1
In der Saar
schwimmen keine Krokodile
sie sind vor langer Zeit
an Land gegangen

schau auf den Kriechfuß
den schleppenden Schritt
die verblassten Augen den erstarrten Mund

in der Saar
schwimmen keine Krokodile

feines Leder trägt man wieder
niemand mit prächtigen Schuppen will
sich mit anderen ruppen

2
Die Glücksmomente der Wassertiere
liegen bei den Fischen:
kein Landgang

glitschiger Mond
fischt im Sternenmeer
strandet seine Springflut vor meinen Füßen
Neumond für Neumond

Fischhaut trägt die Meerjungfrau
hin und wieder
steigt sie aus Saares Fluten
am Biss der Krokodile wird sie verbluten

Libera me

Zittern und Bittern herrscht in der Stadt am Fluss
durch die Häuser zischt die Sintflut
landauf landab schlagen alle Glocken:
Libera me, Domine de morte aeterna

in vergangenen Jahrzehnten
riefen sie zum Tanz auf den Berg
stellten dreiundfünfzig Stühle auf
schellten durch alle Straßen
dass Hören und Sehen wehtat

Hundertschaften des Gefolges
ließen eifrig Messen lesen
für die Glücksrufer vielnamiger Chöre

weiße Elefanten drehten sich
auf weißen Ufern
Tischgebete mit Häkelspitzen

der Gesang ist verstummt
die abgestorbenen Häupter der Bäume
tauschen keinen Sauerstoff mehr

das Blau des Flusses
ist wie ein schlingerndes Totenschiff
mit dreiundfünfzig Ruderschlägen
sorgfältig geschmückter Drachenboote

Zittern und Bittern herrscht in der Stadt am Fluss
durch die Häuser zischt die Sintflut

In Paradisum deducant te angeli

Die Welt ohne Himmelsgewissheit dreht sich
wie die Welt mit Himmelsgewissheit

Galileo suchte den Himmel ab
fand Jupiters Monde und Sonnenflecken

wir formen die Welt aus Plastik
ein Paradies der Zahlbarkeit

ein machbares Paradies
ein gestaltbares Paradies
ein überdauerndes Paradies

es wächst wächst wächst
in alle Himmelsrichtungen
und zerschellt am Leben

nichts was du je hattest
wird dir bleiben da drüben

Chorus angelorum te suscipiat,
et cum Lazaro, quondam paupere,
æternam habeas requiem.

(Der Chor der Engel möge dich empfangen,
und mit Lazarus, dem einst armen,
mögest du ewige Ruhe haben.)

Eine Sehnsucht nach Heil

„Wenn ich in den Sprachen der Menschen und Engel redete, hätte aber die Liebe nicht, wäre ich dröhnendes Erz oder eine lärmende Pauke. Und wenn ich prophetisch reden könnte und alle Geheimnisse wüsste und alle Erkenntnis hätte; wenn ich alle Glaubenskraft besäße und Berge damit versetzen könnte, hätte aber die Liebe nicht, wäre ich nichts. Und wenn ich meine ganze Habe verschenkte und wenn ich meinen Leib dem Feuer übergäbe, hätte aber die Liebe nicht, nützte es mir nichts. Die Liebe ist langmütig, die Liebe ist gütig. Sie ereifert sich nicht, sie prahlt nicht, sie bläht sich nicht auf. Sie handelt nicht ungehörig, sucht nicht ihren Vorteil, lässt sich nicht zum Zorn reizen, trägt das Böse nicht nach. Sie freut sich nicht über das Unrecht, sondern freut sich an der Wahrheit. Sie erträgt alles, glaubt alles, hofft alles, hält allem stand. Die Liebe hört niemals auf." *(1. Korinther 13)*

Eine Sehnsucht nach Heil

Wollten wir das Christliche oder Anomie
Wer brachte den Mördern das Töten bei,
wer dem Dieb das Stehlen?

Wir spüren deren Gewalt in unserem Kopf,
wenn wir denken.
Welche Gehirnzellen bewegen dich?
Wir müssen sie nähren
mit Liebe und Aufrichtigkeit.

Unsere Luft schmeckt nach Sehnsucht,
Sehnsucht nach Vereinigung,
wenn wir sie erstreben.
Wir müssen sie schützen
vor Ablassbehörden und Zuchthäusern.

Wenn die Liebe sich neigt
geht das Heil verloren
für das Er gelitten.

Wir können die Augen nicht schließen,
um nicht sehen zu müssen,
aber wir können aus Liebe
eine Kirche bauen.

Zwischenrufe

1
Wer ist das Salz der Erde,
wenn selbst das geweihte Salz nicht mehr salzt,
weil es seine Würze im irdischen Reichtum
verloren hat?

2
Eher geht ein Kamel durch ein Nadelöhr
als ein millionenschwerer Bischofssitz
in den Himmel

3
Und ich sage dir, noch ehe der Hahn kräht
wird ein Bischof dreimal lügen

4
Wenn eure Gerechtigkeit nicht besser ist
als die eines Verlorenen, könnt ihr
das Himmelreich nicht sehen.

5
Zündet euer Licht an
und stellt es auf einen Leuchter,
damit Verlorene es hinter ihren Mauern
sehen und ihm nachfolgen können.

Messgang

Der Ministrant schlägt die Glocke
dreimal wandelt sich der Wind
zwischen den Kirchenbänken
einige fallen noch auf die Knie
ins mitgebrachte Polster

Weihrauch nebelt im Altarraum
der Priester trinkt den Kelch aus
im Turm die Predigt verhallt

die in Andacht versunken
hoffen im Innern eine Stimme zu hören
für die Zwiesprache mit dem heiligen Geist
das Für und Wider abzuwägen
Licht und Schatten zu erahnen

nicht allen kommt das Agnus Dei
von den aufgespritzten Lippen
viele Blicke wenden sich nach unten

Hostien im Überangebot
keiner will für das Lebensglück
in Haftung genommen werden
die meisten sind nicht nüchtern

Eigentumsverhältnisse

Wer dachte
er könne Dir nachfolgen
übers Wasser laufen
oder Wunder vollbringen
sah viel heiliges Theater
vor sich gehen

aber nie kam ein Delphin
um Reisende mitzunehmen
nie kam Gnade
aus dem Beichtstuhl eines Zuchtmeisters
nie kam Liebe
aus den Worten eines Ablasspredigers

Oh Herr
warum lässt du die gewähren
die deine heilige Schrift
vor sich her tragen
wie ihr Eigentum

sagtest Du nicht:
eher geht ein Kamel durch ein Nadelöhr
als ein Reicher in den Himmel

Bittgesuch

Museum Mausoleum unterirdisches Höhlengrab
besichtigen gläubige und ungläubige Touristen
der Geistlichkeit
in Rom, Mekka, Jerusalem…

Kunstwerke zu Ehren des einen Gottes
dem immer wieder
durch Jahrtausende hindurch
von den gehorsamen Rittern der Schrift
mit flammenden Schwertern
Reiche im Diesseits geschaffen wurden

sie beschwören immer noch ausnahmslos
alles, was sie zum Osterlamm erklären
schlachten zu müssen

die vielen Schlächter der Religionen
verbreiten die Himmelsgewissheit
als ihr einzig Wahres mit aller Gewalt

Oh Herr
hilf ihnen
in dir zu erkennen
den liebenden Schöpfer
den seligen Spender
den gnädigen Retter
des Lebens

bevor ihre Waffen
Deine Schöpfung
vollends zerstören

Dogmatisch

Ich habe das Kreuz gehalten
die weißen Fahnen
nicht befleckt

ich habe mein Kreuz gehalten
mein brechendes Rückgrat
abgestützt mit den Worten
der Väter

fiel ich zusammen
mit meinen Schwestern
und diene seit zweitausend Jahren
die Fron

sag Schöpfer
hast du das den Vätern erlaubt

Selbstverherrlichung

Oh ihr Tempelausrufer
Bodenküsser
Schiffsbauer

Welche Farbe haben eure Schuhe?
Aus welchem Stoff sind eure Gewänder?
Aus welchem Marmor die Steine?

Wer hat sie gesohlt?
Wer hat sie genäht?
Wer hat sie gemeißelt?

Oh ihr Erfinder der Botschaft
der Unfehlbarkeit
der Selbstvergötterung

Wie viel Tödliches tragt ihr in die Welt
die ihr doch umsorgen solltet

wie ein Fischer
der seine Netze
ins offene Meer wirft?

Frau Christin

Es werden lodern die Schmerzen
der Verbrannten

es werden stechen die Messer
der Schlächter

es werden schreien die Seelen
der Verhöhnten

daselbst Gott den selbsternannten Unfehlbaren
die Messe lesen wird

der Fürst der himmlischen Heerscharen
Erzengel Michael
wägt ihre Seelen:

Domine Iesu Christe, Rex gloriae,
libera animas omnium fidelium defunctorum
de poenis inferni, et de profundo lacu

(Herr Jesus Christus, König der Herrlichkeit,
bewahre die Seelen aller verstorbenen Gläubigen
vor den Qualen der Hölle und vor den Tiefen der Unterwelt.)

Die Unvollendeten

Sie meinen alles zu wissen
sprechen vom rechten Leben
von richtiger Liebe
vom geraden Weg

ein Blatt fällt zu Boden
wenn es ausgetrocknet von der Sonne
abgerissen vom Wind
zerfressen von Schädlingen

ein Blatt schwebt
getragen von der Thermik
weht nach rechts nach links
wird fortgetragen
landet weit ab vom Baum

ein Blatt mischt sich
mit anderen gefallenen Blättern
bildet eine Schutzschicht
vor dem Fall des nächsten Blattes
vermodert vereint mit anderen im Humus
und düngt den Grund
für das Werdende

was weiß jemand
der nie schwebte
sich nie vereinte
sich nie tragen lies

was weiß jemand
von Deiner Schöpfung oh Herr
wenn er sich dem Schöpfungsakt
nicht hinzugeben weiß

Oh ihr allwissend Unwissende
möge der Herr
in seiner unendlichen Liebe
fortfahren

seine Boten nicht ruhen zu lassen
euch die Kraft der Erkenntnis
näher zu bringen
für die Vollendung des Lebens

Karwoche

Der Wind singt grüne Melodien
Narzissen schlafen im Schnee
Osterglocken läuten

wir streuen Blumen aus
fächern mit Palmwedeln
durch Straßen

Am Kalvarienberg
wacht Maria

Frauen flüchten
in ihren Mantel
Gewitter fiebert

Der Ruf

Der Schnee verging im April
sickerte wortlos
von den Felsen

ein Steinbock leckte Schiefer blank
Gebirgsaltäre für das verspätete Opferlamm

Keiner wird sagen
er sei berufen worden
seinen Sohn zu opfern

Schlächter geben sich vorher
nicht zu erkennen

im Garten Gethsemane
schlafen die Hunde
auf Silber

und doch rief ein Sohn
nach seinem Vater

Todesstunde

Stille
im Gebirge

Tod stahl alle Töne
Glocken flogen vorbei

Bergziegen
stehen auf Felsspitzen

Küchenschellen
geben keinen Laut

Zugwind reißt
am Gebüsch

ein Ast fällt
von Felsstufe zu Felsstufe
trommelt die Zeit
ins Land

Uhrwerk des Untergangs
dessen Stundenschlag
im Tal abbricht

Gesegnete Mahlzeit

Sie treten immer noch auf die gleichen Stellen
sie haben nie gewagt
einen Schritt nach rechts nach links
nach vorn oder zurück zu gehen

Seit Jahrtausenden sehen sie ins Blaue
pflegen Sonnenbrillen für die Himmelfahrt
dabei sollten sie sich die Erde nutzbar machen

säen
ernten
Leben vermehren
die göttliche Botschaft weiter tragen

die Stillgestandenen
tragen immer noch
die gleichen Gewänder
die gleichen Schuhe

an der Schwerlastigkeit der Bewegungen
werdet ihr sie erkennen
am tauben Händedruck
am stoischen Blick

Deine Erben begeistern nicht mehr oh Herr
Die Ruheständler der Nächstenliebe
trinken Messwein
und speisen entsegnete Oblaten

Lichtfest

Dereinst wird kommen
der dir das Leben gegeben hat
andere haben es dir genommen
wähnen das Leben selbst als Missetat

Dereinst wird kommen
dem du dich selbst hingegeben hast
wenn du auf der Straße beklommen
angehalten hast für die Rast
Seiner Liebe

Daselbst Er kommt
hellt auch das letzte Licht
bis nur noch Sein Licht
lichtert
leuchtet
lodert
brennt
in mir

Glaubensfrage

Bin ich eine Frevlerin
weil all das
was Du mir zeigst
an der Wirklichkeit
sich aufreibt

Bin ich eine Zauderin
weil all das
was Du mir schenkst
von der Wirklichkeit
wieder zerstört wird

Bin ich eine Heuchlerin
weil all das
was Du mich glauben machst
in der Wirklichkeit
kaum zu leben ist

Warum siehst Du mich oh Herr
eine sich Aufreibende, Zweifelnde, Scheiternde

Warum liebst Du
rückhaltlos beständig
was Dir nicht standhalten kann
wieder und wieder

Kompromissbereitschaft

„Ansprüche der Vernunft nennt jeder gewisse Sätze, die er ohne Untersuchung für wahr hält und davon er sich so fest überzeugt glaubt, dass sogar, wenn er es wollte, er es nicht dahin bringen könnte, sie ernstlich zu prüfen, als wozu er sie einstweilen in Zweifel ziehen müsste." Arthur Schopenhauer, *Parerga und Paralipomena 2. Band.*

Chancengleichheit

Die Vorsitzende der örtlichen Partei
ergriff Partei für Parteilose,
um Parteimitglieder
von der Partie der Partei
bei der Wahl zu überzeugen.

Schließlich seien Parteilose
eine aussichtslose Partie,
würden Parteimitglieder
keine Partei für sie ergreifen.

Denn würden Parteilose
Partie für eine Partei ergreifen,
die keine Partei für sie ergriffe?

Parteien seien große Familien,
sagte das Parteimitglied,
in der jeder für jeden einstehe
und mit Posten versehe.
Auch Parteilose seien bestrebt,
dass es ihnen gleichermaßen ergehe.

Schließlich seien Parteilose
das Salz der Demokratie
und an die Überparteilichkeit gebunden.
Denn was geschähe,
wenn es nur noch Parteimitglieder gäbe?

Es wären keine Posten mehr frei,
um die Partie der Partei
mit Parteilosen zu gewinnen.

Kompromissbereitschaft

Also", sprach der Bürgermeister, „nirgendwo sind die Gebühren so niedrig wie bei uns. Entweder wir erhöhen die Nutzungsgebühren öffentlicher Einrichtungen oder wir schließen das Schwimmbad."

Im Sitzungssaal der Gemeinde schwebt das Schweigen der Auserwählten. Es herrscht Sprachlosigkeit.

„Wir haben es hier mit der Auswirkung von Steuererleichterungen zur Erhaltung der Wettbewerbs-fähigkeit zu tun! Standortsicherung ist unser erstes Gebot. Sie schafft Arbeitsplätze."

„Welche Arbeitsplätze?" fragte ein Arbeitsloser, „Arbeitsplätze aus Werkverträgen für den Bruchteil des Tariflohns?"

„Wettbewerb erfordert neue Wege und Kompromisse, das ist der natürliche Prozess erfolgreicher Wirtschaft."

„Die Schließung des Schwimmbades ist also der Kompromiss für entgangene Steuereinnahmen von Unternehmen mit Arbeitsplätzen für Hungerlöhne?" fragte die Opposition.

„Die Schließung des Schwimmbades ist die Folge zu geringer Gewinne durch zu hohe Kosten. Deshalb müssen die Personalkosten gedämpft werden."

„Das bedeutet, Personaleinsparung rettet das Schwimmbad?"

„Sie sagen es", verehrter Kollege, „eine Reduktion des Personals könnte die Erhöhung der Nutzungsgebühren öffentlicher Einrichtungen beziehungsweise deren Schließung verhindern."

„Dann beantragt die Opposition, dass das Personal mit den höchsten Kosten zuerst den Arbeitsplatz räumt. Wer stimmt dafür?"

„Ich nehme zur Kenntnis, dass der Beschluss einstimmig ist," sagte der Bürgermeister.

„Wir danken Ihnen für die pflichtgemäße Erfüllung des Wählerauftrages, Herr Bürgermeister", sagte der Oppositionsführer, „ihre Entlassung wird mit sofortiger Wirkung vollzogen."

Netzfabrik

Wir sind alle eine Familie
Brüder Schwestern Väter Mütter
Onkels Tanten

im Kampf um jedes Staubkorn
blasen alle ins gleiche Horn
wir sind alle eine Familie

ein Vater der nicht fragt
was seine Kinder fühlen denken wollen
sie sollen tun was er sagt

die vielen Schwestern
die vom Gestern träumen
und das Morgen wollen
tragen ihr Leid vor sich her

die vielen Brüder
beten und beten immer den gleichen Psalm
kehren sonntags die Kirche
und abends die Weinstube

die vielen Krokodilstränen der Mütter
wenn das Leder nicht ruppig genug
die Farbe der Schuppen zu fahl

das Treffen der Onkels und Tanten
Familientheater der großen Feste
Predigten Heilslehren Grabreden

wir sind alle eine Familie
rudern auf dem gleichen Schiff
durch die Fluten der Erinnerung

die Suche nach dem Saargold
eine Netzfabrik aus Verwandtschaften

wir sind alle eine Familie
im Kampf um jedes Staubkorn
ein Sandkasten
eine Sandfabrik
eine Wüste

wüssten wir nicht
dass wir alle aus dem Wasser kommen
würden wir auch diese Lebensader
verwüsten

Ausgleich

Sagen wir, die Mehrwertsteuer
ergäbe sich aus dem erschaffenen Mehrwert
der Arbeit, Dienstleistung, Produktion.

Gelte der Grundsatz, gleiche Steuern
für gleichen Mehrwert müssten alle
den gleichen Mehrwert bei gleicher Arbeit
schaffen, schaffen können?
Unterschiedlicher Mehrwert führte zu
unterschiedlichen Steuern ohne Ansehen der Person.

Wer den gleichen Mehrwert nicht schaffte,
müsste aussortiert werden.
Wohin mit all den Unterschiedenen,
Nichtschaffenden, dahinter Bleibenden?

Sind sie die Ausnahmen, die die Regel schaffen?
Sind Ausnahmen der Ausgleich der Ungleichheit?
Ungleichheit für alle also, die gleichen Mehrwert
nicht schaffen können?

Und was ist mit jenen, die den Mehrwert überträfen,
die mehr schaffen, als sie sollten?
Wohin mit diesen Mehrschaffenden,
Übertreffenden, Überfliegern?
Gelten für sie andere Regeln, neue Ausnahmen?

Der Grundsatz der Gleichheit
bei der Steuerfindung dahin.
Gleichheit, die zu Ungleichheit führt,
eine Freiheit, die keiner haben will?
So mögen alle glauben, Gleichheit sei das Maß
aller Dinge. Wer so wählt, wählt leichter.

Inschriften

Sind wir alle kleine Philosophen?
Im Dunst der Sonne scheinen uns
Gedanken wie das Feuer der Seele,
fremder Seelen und Gedanken,
die wir denken sollen, tagein, tagaus.

Du denkst dir einen Himmel
aus Buchstaben der Einsamkeit:
wenn du mit den Worten fliegst, siehst du
über alle Kanonenschläge hinweg.

Du schaufelst dir den Sand aus dem Weg
in die Wüste des Nächsten,
gräbst dir eine Höhle ohne Imperative.

Hinter den Sätzen setzen andere Ausrufezeichen,
kreiden dir die Worte rot an,
Signalgeber der Welt, Cäsaren, Auguren.
Gefängnismauern bleiben dir erspart,
sie zementieren durchsichtige Wände.

Jemand schlägt Nägel ans Kreuz,
hämmert sich die Seele aus dem Leib,
keiner will bluten.

Übereinstimmende Predigt

Was hat die Gesellschaft davon,
wenn Ungleichheit Freiheit bedeuten soll
und Freiheit Ungleichheit?

Schuf Gott nicht unterschiedliche Tageszeiten,
Jahreszeiten, Tierarten, Pflanzen, Blumen?
Schuf er die Menschen nicht alle gleich
nach seinem Ebenbild?

Prachtvolle Predigten sind so entstanden
für das gläubige Volk:
Gleiches für Gleiche,
Übereinstimmendes für Übereinstimmende,
Identisches zur Identitätsfindung?

Wenn Ausnahmen die Regel sind,
wozu ist ein Regelwerk nützlich?
Gilt die Regel, dass alle die gleichen Regeln
beachten sollen, wird Gleichheit zum Schicksal.

Ist das gewöhnlich, langweilig, ungerecht?
Wo blieben all die Aufgeregtheiten, die Anlässe
für Diskussionen und neue Erlasse?

Das Parlament im Dauerschlaf kann nicht
Ausgangspunkt der Demokratie sein.
Gesetze würden nicht mehr ins Rollen gebracht,
Wahlen würden überflüssig,
Politiker zum Berliner Bär.

Das tanzende Volk
auf der Spree, am Rhein oder an der Saar
vergäße seine Pflicht.

Ein pflichtvergessenes Volk
brächte die Zahlen ins Wanken!
Die Stabilität dahin,
alle Gleichheit hinter den Scheffel gestellt,
auf dem das gefühlte Licht
von einst wieder erstrahlte?

Wollten wir nicht alle das Licht
in die Welt tragen, in der Dunkelheit
den Weg aufleuchten lassen,
damit alle ins gelobte Ziel finden?

Wetterwechsel

Genügt nicht der Ruf der Freiheit
um vom Volk gehört zu werden?
Freies Denken in der Demokratie?
Außerhalb des Parteienproporz,
unterhalb der Zulassungsgrenze?
Genügt nicht das unbedingte Diktum
derjenigen, die Freiheitsgedanken
vor sich her tragen wie Monstranzen?

Die letzte Prozession
hat den Glauben daran verloren.
Sie wählten lieber die gesetzte Ordnung,
das Verlässliche, Bewährte, die Aufteilung
dieser Welt in Zahlen und Rettungsschirme.
Es gab zu viele Unwetter.

Ausgeglüht

Sag mir wo die Sonnenblumen blühen
auf Windkraftfeldern radeln Fitnessbeamte
jeden Veggietag in den Kalender gedruckt

längst ist das Grün gerötet
von alten Parolen eingeholt

groß gewordene Kinder
trauen sich immer noch nicht
das Trauma vom offenen Hosenlatz
abzulegen

in Archiven lauern Molotowcocktails
putzen angedrohte Steuererhöhungen
die Gegenwart blank

alle Glühbirnen ausgeglüht
die Form erinnert noch
an das Licht von damals

Fundsache

Hast du meine Mail erhalten?
Sie hatte nur einen Empfänger!
Sie jagte durch ganz Europa
in andere Kontinente und wieder zurück.
Für diese Leistung erntete sie weltweite Beachtung,
Ich erhielt unzählige Antworten.
Alle lobten den Stil und die Brisanz der Worte,
weshalb so viele der Spur folgten
und an meine Tür klopften.
Man lud mich ein, meine Geschichte zu erzählen,
immer wieder neu.

In alle Sprachen der Erde wurde sie übersetzt,
unüberhörbar, unübersehbar,
hängt sie jetzt über allen Bildschirmen,
in allen Etagen der Abhördienste.
Das Leben der anderen ist interessanter geworden.
So viele Leute beschützen mich jetzt!
An jeder Ecke stehen Zeitungsleser.
Endlich fühle ich Sicherheit.

Kleinkrämerseelen entdecken darin die Stasi wieder.
Heute wird für Sicherheit genehmigt vorgesorgt
mit Glasfasern, Bildschirmkameras, Satelliten,
mit Netzwerken, Knotenpunkten, Chatrooms,
mit und ohne Whistleblower.
Ich entsorge jetzt meine Computer,
um das Interesse an meiner Person zu erhalten.

Verlinkt

Alle Zinsen auf die hohe Kante gelegt
Alle Karten aufgestapelt
Alle Leerverkäufe geleert

Tresore geräumt und verkabelt
Schalter geschlossen und umgeschaltet
Häuser versteigert und bewacht

Wer hat Gewinne aus Gewonnenem
in Verluste transferiert
Wer die schwarzen Zahlen gelöscht

Kein Währungsfonds bietet Verlorenen Obdach
Kein Managerbonus spendet Arbeitslosengeld
Kein Ruhestandsgehalt erhöht die Grundsicherung

Im Sumpf der Spekulanten
blinken Knotenpunkte
mit kapitaler Verlinkung
für den Weg neuer Freihandelszonen

Wer darauf spazieren geht
braucht keinen Rettungsschirm

Vernetzt oder die Lust zur privaten Existenz

„Komm, erzähl mir dein Geheimnis. Ich lade dich in mein Netzwerk ein", warb der Freundliche, dort kannst du jederzeit und überall mir deine privaten Gedanken anvertrauen. Du weißt doch, die Gedanken sind frei."

„Ja", sagte die Vertrauensselige, „meine Gedanken sollen dir gehören, was immer ich tue, wo immer ich bin."

„Zu deiner Sicherheit gebe ich dir den Zugangsschlüssel. Es ist ganz einfach. Mit diesen Zahlen schaffst du dir ein neues Universum privater Existenz. Keiner wird jemals erfahren, wie es aufgebaut ist, welche Ausdehnung es hat und wie du es betreibst."

„Ich danke dir für die Möglichkeit, meine Wirklichkeit neu zu ersinnen fernab aller Normen und Vorschriften. Du allein lernst sie kennen und benennen."

„Dieses Vertrauen wird du niemals bereuen. Unser Zimmer bleibt für andere verschlossen. Keiner wird dich je verfolgen. Hier geschieht nur, was du willst."

„Dann lass uns aufsperren, hinein gehen und zusperren, damit kein Anderer unsere Seelen fängt. Wohin legen wir den Schlüssel, wenn wir es wieder verlassen wollen?"

„Ins Erinnerungsfach. Das wird jeden Morgen gespeichert und geleert, damit genug Platz für Neues ist."

„Wer entsorgt die alten Gedanken, wenn wir den Platz für Neues brauchen?"

„Das Netzwerk. Es putzt jeden Morgen die Kabel blank, damit du keinen Staub ansetzt und wir wissen, wo du dich aufhälst. So kannst du dich nicht verirren."

„Ihr sorgt so für die Sicherheit der privaten Existenz?"

„Sicherheit ist unser erstes Gebot. Deshalb speichern wir wirklich alle deine privaten Seiten."

„Wer hat Zutritt zum Kontrollspeicher?"

„Alle, die wirklich damit beauftragt sind."

„Woher weiß ich, wer sich wirklich in meiner wirklich unwirklichen Existenz aufhält?"

„Wenn sich wirklich jemand bei dir meldet und mit dir über deine unwirkliche Existenz sprechen will."

Fingerhüte

Wir leben in abgegrenzten Zellen
mit Zäunen und Mauern
Einfriedungen der Angst

in Gartenlauben
lenzt die Stockrose sich
in die Höhe der Köpfe

saaruferwärts die Beobachtung der Blumen
schön zart sind die Blättchen
die Röhrenblütchen mit Durchblick

Fingerhut hält sich verschlossen
wenn dich sein Mund küsst
giftige Trunkenheit
das Lila hängt zwischen
allen Himmeln der Gier

wer den Jungfernkranz bindet
achte auf die Anordnung der Seide
auch Nachtkerzen sind giftig

Stahlstadt

Hinter der Eisenhütte
fließt ruhelos die Saar
die Schornsteine der Stahlstadt
trompeten Blechtöne in die Luft
eiserne Luft

einst war sie heiß
getränkt von Schweiß, Blut und Tränen
zehntausender Zwangsarbeiter

ein Weltkulturerbe

Zehntausende pilgern an ihnen vorbei
ohne sie je gekannt zu haben

die sie kannten, wollen sie nicht kennen
die sie nicht mehr kannten, nicht kennenlernen
die es wissen, nicht kennenlernen lassen

in den Tränensälen des Weltkulturerbes
schweigen die Zwangsarbeiter

zu den Aufstellungen mit und ohne Kultur

Relativitätstheorie

Lach nicht
es gibt nichts zu lachen
wenn das Lachen lacht
ohne dich anzulachen

Wein nicht
es gibt nichts zu weinen
wenn das Weinen weint
ohne sich auszuweinen

Sprich nicht
es gibt nichts zu sagen
wenn das Reden spricht
ohne etwas auszusagen

Schweig nicht
es gibt nichts zu stillen
wenn das Schweigen schweigt
um dich auszuschweigen

Lach nicht wein nicht
sprich nicht schweig nicht
hör auf dir sagen zu lassen
dass du nichts zu sagen hast

Von einem der auszog, den Druck zu verlernen

Ein Büro. Überall hängen Rahmen in unterschiedlichen Formen und Hölzern, Einfassungen aus Papier mit Buchstabensalat, fettgedruckte Unwörter, Strophen. Am Schreibtisch sitzt ein bärtiger Mann mit grauem Anzug, goldener Krawatte, Orden auf der Brust, Zollstock auf dem Schreibtisch und Leisten für Einrahmungen in diversen Größen, Furniertreifen, Schüsseln mit silbernen Buchstaben, Rahmen.

Es klopft.
Verleger: „Herein, bitteschön!"
Jüngerer Mann in Jeans tritt herein, unter dem Arm eine Kassette. Autor: „Guten Morgen."

Verleger: „Morgen, guten Tag! Bitteschön Platz zu nehmen. Bringen Sie mir Ihr Wortsilber für meine Rahmen?"

Autor setzt sich hin, stellt Kassette auf den Tisch.
Autor: „Wortsilber, Rahmen?"
Autor schaut sich um, starrt von einer Wand zur anderen.

Verleger: „Ja, Wortsilber für meine Rahmen."

Autor: „Welche Rahmen?" Staunt weiter.

Verleger: „Lieber, Guter, alles Gesagte schreibt sich im Rahmen."

Autor ungläubig: „In welchem Rahmen?"

Verleger: „Im Rahmen der Nation."

Autor wundert sich noch mehr, sperrt für Sekunden den Mund auf.

Autor: „Nation? Welche? Nation, ich bin ich, Nation bin ich. Ich schreibe im Rahmen meiner."

Verleger: „Wer will schon im Rahmen deiner Gedrucktes?"

Autor: „Leser und Leserinnen, alle, die lesen können aus Regenwortsilben."

Verleger: „Alle, die lesen können?"
Verleger beginnt zu lachen.   „Niemand liest Wortsilber deines, das ich nicht im Rahmen halte."

Autor: „Im Rahmen halt ich Gebliebenes, aus meiner Feder geschriebenen Wortregen." Beginnt die Kassette zu öffnen und Buchstabengirlanden heraus zu ziehen.

Verleger: „Ha, ha, ha, glaubt's das? Hab selten so gelacht, so nicht, ha, ha, ha!"

Autor: „Leser und Leserinnen brauchen Worte aus Silbenregen, Sinn ihres Rahmens begreifend, wenn sie im Regen…."

Verleger fällt ins Wort: „Im Regen braucht's a Schirm!"
Lacht weiter, sehr laut.

Autor: „Schirmmenschen stehn im Loch. Wenn'd Worte übern Schirm gleiten, nichts bleibt denen als ein leeres Vakuum, geistlos, wortlos, sinnlos!"

Verleger: „Deinen Sinn kannst du dir an Hut oder sonst wo! Ich druck im Rahmen der Nation! Den Rahmen bestimme ich! Ich bin jener, der große Rahmen zimmert für große Wortsilben! Basta!"

Verleger hantiert mit vier Holzleisten, versucht, einen Winkel anzulegen, Ecken passen jedoch nicht zueinander.

Autor: „Dein Rahmen ist nicht rechtwinklig, wer soll da hinein? Leser und Leserinnen suchen sich einen rechtwinkligen, wenn überhaupt denen Ihr Rahmen passt!"

Verleger: „Hast keine Ahnung nicht! Meine Rahmen stimmen. Bloß ein bisschen abschleifen, rechts, links, die Kanten angleichen, die Furniere ausbügeln. Aus schönen Hölzern. Glaub's nur, alle werden den schönen Rahmen mögen und kaufen, kaufen!"

Autor: „Will keine Kaufmannschaft, will eine Leserschaft!"

Verleger. „Was? Auch Leser zahlen, auch Käufer lesen, das nennt man den Ausgleich aller Kosten!"

Autor: „Meine Leser gleichen deinen Kosten? Sie kaufen Wortsilbenregen, nicht Rahmenkäufe, sie haben ihren eigenen, in dem sie lesen so wie ich aus meinem schreibe."

Verleger: „Lesen aus ihrem? Schreiben aus Ihrem? Aber aus meinem Rahmen Gedrucktes ist verfügbar! Schreib nur weiter, wer druckt's? Niemand kann's kaufen ohne Rahmen. Was ist ein Schreiber ohne gedrucktes Wortsilber? Hm? Was?"

Autor: „Jedenfalls kein Rahmenhändler!"´

Verleger: „Ach? Und wovon bitteschön willst du deinen Silbenregen bezahlen? Wovon zahlst du deinen Rahmen? Schau, bring mir dein Wortsilber, dann kannst alles zahlen. Silbenregen kannst behalten, passt nicht in meinen Rahmen!"

Autor: „Behalt deinen Rahmen! Werd schon einen anderen finden, der den Rahmen nach meinem Wort-regen zimmert! Leser und Leserinnen wissen mehr. Ihr Rahmen ist größer als du ahnst! Und Käufer gibt es auch unter Lesern!"

Verleger: „Gut! Führt die Gott, hab's gut g'meint! Wenn's nicht klappt, meine Rahmen sind zeitlos."

Autor legt die Buchstabengirlanden zurück in die Kassette, schliesst sie, erhebt sich und geht davon.

Liebesdeklination

„Das Grundwort „Ich-Du" kann nur mit dem ganzen Wesen gesprochen werden. Die Einsammlung und Verschmelzung zum ganzen Menschen kann nie durch mich, kann nie ohne mich geschehen. Ich werde am Du. Ich werdend spreche ich Du." Martin Buber, „Ich und Du" 1923

Liebeskunst

Anspruch auf Glück erhebt das Paar,
das sich für die Ewigkeit verbündete.
Liebesglück? Gibt es das? Muss es das geben?

Was hat die Gesellschaft davon,
wenn zwei Menschen sich genügen?
Warten nicht Freunde
auf Tränen und Trauer und wollen
sich in Ratschlägen verwirklichen?

Ist es nicht peinlich, wenn die Glücklichen
Hochzeitstage feiern,
sich öffentlich in Zärtlichkeiten verlieren?
Sie reißen ein Loch in die Erwartung
der Gescheiterten, vergrößern deren
Verletzungen und Enttäuschungen.

Ist es verwunderlich, wenn die Unglücklichen
ihren Zorn und ihre Wut über sie ausschütten?
Muss nicht vor Neid ersticken,
wer dieses Glück bezeugen muss?
Weshalb gibt es das Glück nicht für alle?

Was wäre in Zukunft, wenn alle Liebenden
sich das Glück bewahren würden?
Scheidungsanwälte, Familienrichter
und Risikolebensversicherungen
wären vom Aussterben bedroht.
Kinder blieben bei ihren Eltern,
Geschwister bei Geschwistern.

Welche Verschwörung der Zweisamkeit!
Und erst die Dichter. Blieben all jene

Liebesromane, Sehnsuchtsbeweise und
Hoffnungsersuchen ungeschrieben?
Die Welt ohne Dramen! Schwer vorstellbar und
für andere unerträglich.

Die Kunst des Liebens
kann nicht Alltag für alle sein.
Wer sie beherrscht, behalte sie für sich,
damit die Unglücklichen wenigstens
glauben können, sie sei ohnehin
nicht zu erreichen.

Liebesdeklination

Du liebst dich
du liebst dich nicht
er liebt sich
er liebt sich nicht
sie liebt sich
sie liebt sich nicht
es liebt sich
es liebt sich nicht
du liebst ihn
er liebt sie
wer liebt es

Mutterrechte II

Gestern klopfte die praktizierende Mutter
an die Kindertür der Elterngeldstelle.
Verständnislos blickte die Beamtin,
vergaß, ihr die Stillecke zu zeigen.

Sie hätte aber viele Kinder.
Was sie denn wollte
mit ihren Geburten?

Sie sorge für die Rente vor,
für ihre und ihre.
Ob sie keine Versicherung hätte?
Witwenrente,
50 von 64 Prozent.
Ob sie denn nicht riestern könne?
Kann nicht zahlen, nur Minijob.

Wenn sie Kinder haben,
müssen sie auch für eine Tagesmutter sorgen.
Ich bin meine eigene Tagesmutter,
sagte die Frau.

Haben die Kinder keine Väter?
Doch, alles natürliche Zeugungen.
Können die Väter nicht für die Betreuung sorgen?
Keine Zeit, Pendler, Mehrarbeit und Überstunden.

Können die Väter sich nicht organisieren?
Meine Kinder haben nur einen Vater!

Sie wollen keine organisierte Betreuung?
Aber ich betreue doch,
Kinder haben doch ein Recht

auf mütterliche Betreuung.
Nach der Tagesmutter
können Sie immer noch betreuen.
Also wollen Sie nun eine Betreuung
organisieren oder nicht?

Aber ich betreue doch!
Selbstbetreuung ist das verfassungsmäßig
garantierte natürliche Recht der Eltern.

Wenn Sie organisierte Betreuung ablehnen,
muss ich das Elterngeld kürzen.
Sie erhalten nur noch Betreuungsgeld.

Ist mütterliche Betreuung
eine reduzierte Elternschaft,
fragte sich die Frau.

Schwarzer Sonntag

Das Private ist politisch sagten die Frauen der Zeit
und warfen die Büstenhalter in die Mülltonne.
Das Private ist politisch sagten die Frauen der Zeit
und trieben ihre Kinder ab.
Das Private ist politisch sagten die Frauen der Zeit
und schossen um sich.

Das Private ist politisch sagten die Frauen der Zeit:
Gleichberechtigung bedeutet,
die gleichen Rechte und Pflichten ausüben zu können
wie männliche Zeitgenossen.

Heute leben Frauen mit und ohne Büstenhalter,
mit und ohne Männer,
leisten Dienst an der Waffe,
boxen sich durchs Leben,
arbeiten von morgens bis abends
und hinterziehen Steuern.

Das Private ist politisch sagten die Frauen der Zeit.
Heute werden Kinder ohne Frauen
immer noch nicht geboren.

Evas Paradies

Mit welcher Glückseligkeit hält eine Mutter
ihr Kind im Arm, alle Schmerzen vergessen,
Die glücklichen Ahnungen des Vaters
liegen im Wochenbett. Alle Geburtshelfer
haben prächtig gearbeitet.

Das Wichtigste war der richtige Zeitpunkt.
Da war zuerst die Bildung,
lesen, lernen, lösen, bienenfleißig tagvergessen,
Wissen versessen, die Welt als Lexikon.

Welche Freude, als sie das Reifezeugnis
in den Händen halten konnte, als ihre
besonderen Leistungen gewürdigt wurden.
Eine große Feier für den Abschluss.
Alle Wege geöffnet…

Ausgestattet mit dem Lob des Auditoriums
betrat sie die Bühne wissenschaftlichen Lernens.
Hypothesen, Antithesen,
diskutieren, falsifizieren, verifizieren.
Bachelor, Master. Die Fülle der Intelligenz
im Doktorhut verpackt. Gaudeamus igitur…

Ein Lob der Leistung als Anreiz für Arbeitssüchtige
effektiv, immer erreichbar, flexibel
bei der Partnerwahl, Freizeitlosigkeit,
die Besten der Besten…

Das Lied steigerte sich von Jahr zu Jahr,
Vermögensberatung, Aktien, Fonds,
Leerverkäufe, Immobilien, Eigenheim,
Ferienhaus. Wer wollte da aufhören?!

Die Liebe als Schlusspunkt der Karriere,
Heirat, Kinderwunsch, Hormonbehandlung,
mit sechsundfünfzig aus den Wechseljahren
zurück in die Fruchtbarkeit.
Niemand soll sagen, bevölkerungspolitisch
wären Blindgänger Schicksalshäftlinge.

Spätgebärende als Glücksfall der Gesellschaft?
Ohne sie wäre die Geburtenrate
nicht mehr zu errechnen. Kitas blieben unbelegt,
Tagesmütter wären arbeitslos und erst
die Rentenkasse!

In der Welt des Machbaren gerät
natürliche Lebensplanung zum Sündenfall.
So möge die Fortpflanzungsindustrie weiterhin
dem Leben auf der Spur bleiben.

Wer sich ohne sie vermehrt,
vermehrt den Mehrwert der Liebe.

Freudentanz

Du bist stark, flüsterte die blaue Pille.
Aber mit mir bist du stärker. Lass mich dir helfen,
die Freuden des Lebens ununterbrochen vollends
auszukosten. Dafür brauchst du keine Gefühle!

Solange dein Schluckreflex nicht gestört ist,
werde ich dir alles Mögliche ermöglichen.
Nichts wird mehr unmöglich sein.

Stell dir vor, dass alles Begehrte sich dir öffnet,
mit einem Schluck, ganz ohne Reiz,
einfach so, alltäglich, jederzeit,
überall und irgendwo.

Selbst griechische Götter werden dich beneiden.
Sie mussten ihr Recht noch durchsetzen.
Du brauchst dich nur noch hinzusetzen,
abzuwarten und schon beginnt der Freudentanz.

Solange dein Testosteron ausreicht,
dir die Münzen zu verdienen, die ich koste,
kannst du das Leben vollkommen auskosten.
Zumindest solange, bis die Nebenwirkungen
dich das Leben kosten.

Schattenspiel

Eine Wartehalle, alles ist weiß, zwei voneinander entfernte Stühle, auf denen zwei Frauen sitzen, eine in Weiß gewandet, die andere in Grau.

Frau in Grau sieht sich den Raum an, dann die weiße Frau: „Was siehst du mich so an?"
Frau in Weiß: „Wer, ich?"
Frau in Grau: „Ja, du!"
Frau in Weiß: „Ich kann dich nicht sehen."
Frau in Grau: „Aber deine Augen, sie schauen zu mir rüber."

Frau in Weiß: „Meine Augen? – Ja, sie schauen, aber sehen können sie dich nicht."

Frau in Grau unverständlich: „Ich bin aber doch hier und du siehst mich an."

Frau in Weiß starrt nach vorn: „Ich kann dich nicht sehen."

Frau in Grau steht auf, stellt sich vor sie, beugt sich nach vorn: „Da, sieh doch! – Das bin ich, sieh her, du."
Frau in Weiß monoton und regungslos: „Ich kann dich nicht sehen"

Frau in Grau belustigt: „Ha, du machst Scherze, nicht wahr?"

Frau in Weiß schweigt regungslos vor sich hin. Frau in Grau schüttelt den Kopf, geht zurück zu ihrem Stuhl, setzt sich hin: „Weißt du, wenn ich etwas früher nicht sehen wollte, hab ich auch nichts gesehen. Wenn man etwas nicht wahrhaben will. Ja, ja. – Aber du, sitzt mir gegenüber, starrst mich an und sagst, ich kann dich nicht sehen. Tsss." Schüttelt den Kopf, dreht sich zur Frau in Weiß: „Ich kann aber dich sehen. Und du siehst mich auch!"

Steht wieder auf: „Weshalb bist du hier? Auf wen wartest du?"

Frau in Weiß reagiert nicht. Frau in Grau geht um sie her-um: „Nun sag schon, wer bist du? Wenn du mich schon nicht sehen kannst, dann rede wenigstens mit mir. Bist du blind?"

Stellt sich vor sie hin, legt ihre Hände auf deren Schultern und rüttelt sie kurz: „Bist du blind, hörst du! – So rede doch schon." Keine Reaktion.

„Ach!" lässt sie los, geht zurück zum Stuhl. „Dann eben nicht. Dann bleib stumm und blind. Ich jedenfalls sehe, rede und höre. Du willst mich nur nicht wahrhaben."

Frau in Grau: „Ich weiß nicht, was ich hier soll. Eigentlich existiere ich gar nicht mehr. Ich bin tot. Schon lange. Nein, schon sehr lange, von dem Moment an, als mein Kind zur Welt kam, das süßeste Baby der Welt. Ich war sehr stolz, ja, wirklich. Endlich hatte ich etwas geschafft. Ich, ganz allein. Ich hatte einen Menschen geboren. Ich war Teil der Schöpfung geworden, wie Maria. Allerdings war ich verheiratet und keine Jungfrau, nein weiß Gott, eine Jungfrau war ich nicht, obgleich ich noch jung war, eine junge Frau. Vielleicht heißt Jungfrau auch nichts anderes als junge Frau und hat mit Keuschheit gar nichts zu tun. Alle Mütter wären dann Gottesmütter. Absurd? Absurd wie diese Situation."

Sie schweigt für einen Moment.

Frau in Grau: „Hast du Kinder? "– Kein Antwort

„Ach ja, du redest ja nicht mit mir, weil du nicht sehen kannst." steht auf und geht auf sie zu: „Sag, hast du ein, zwei, drei oder mehr Kinder zur Welt gebracht?"

Geht hinter die Frau in Weiß und legt ihre Hände um deren Bauch: „War dein Bauch auch so dick wie meiner? Alle Frauen müssen dicke Bäuche bekommen, dafür sind sie doch in dieser Welt. Einen Bauch, einen Bauch, einen dicken Bauch." Dreht sie nach links, dann nach rechts. Ihre Stimme wird aggressiv: „Keine Frau darf diese Welt ohne dicken Bauch verlassen. Auch du nicht. Also, wie oft?" Stimme wird lauter: „Wie oft, wie oft!?" sie schreit: „Wir haben alle das gleiche Los." Lässt wütend von ihr ab.

„Ach, was rede ich überhaupt mit einer nicht Sehenden und nun auch noch Verstummten! Wahrscheinlich bist du ein Blindgänger. Die Schöpfung hat sich an dir die Zähne ausgebissen. Du musst jetzt dafür büßen." setzt sich wieder hin: „Aber warum bin ich dann hier?"

Schweigen

Frau in Grau: „Auf was warte ich hier? Ich existiere doch gar nicht mehr. Ist das der Vorhof zur Hölle oder das Fegefeuer des Himmels? Hier ist nichts, nur wir beide, hörst du! Wir sind hier ganz allein. Und ich kann mich nicht erinnern, wie ich hierhin gekommen bin. Mein Gott! Wer weiß, was geschehen ist."

Schweigen

Sieht wieder zur Frau in Weiß hinüber, schüttelt den Kopf: „Sitzt da wie eine Mutter Gottes, unschuldig, - unschuldig? Nein! Und wer von euch ist ohne Schuld, der hebe den ersten Stein. Hm! Gott ist bestimmt nicht Schuld daran, dass wir hier sitzen und warten, ohne zu wissen, warum. Nein, Gott nicht. Aber wer dann? Was ist bloß geschehen? Alles ist tot, kein Geräusch, keine Sonne, kein Mensch. Ach verzeih, du bist ja auch noch da, aber du existierst nicht, nicht so wie ich. Aber beide sind wir untot, lebende Gestorbene, in einer Welt des Nichts. Ist das jetzt die Ewigkeit?"

Schweigen

Frau in Grau: „Mein Kind war mein Ein und Alles, weißt du. Alles hätt' ich für es gegeben. Was heißt hätte, habe ich, ja alles habe ich hergegeben, aufgegeben, abgegeben. Meine Freiheit, mein Leben, meine Träume. Kann so etwas richtig sein? Soll Gott das gewollt haben? Was will Gott jetzt noch von mir? Er hat doch schon alles! Der Teufel soll mich holen, wenn es noch nicht genug war!"

Schweigen

„Wenn ich an meine Mutter denke, an meine Großmutter, an meine Urgroßmutter, meine Ururgroßmutter, meine Urururgroßmutter, an alle Mütter, dann hat sich nichts geändert. Wenn man Mutter wird, ist man keine Frau mehr, keine Person, man ist nichts, einfach nichts mehr von dem, was man vorher war. Eben nur noch Mutter. Das ist auch eine Art zu sterben. Lieber Gott, darüber solltest du mal nachdenken. Ist das vielleicht göttliche Gerechtigkeit? Niemand wird reiner sein als der, der sein Leben gibt für andere. Bin ich vielleicht Jesus?"

„Jesus Maria, das gibt es doch gar nicht! Was ist das hier? Weshalb bin ich hier. Ich existiere doch gar nicht. Vielleicht ist das ja eine Gummizelle. So weiß wie das hier überall ist. Hab ich etwa randaliert, hat mein Mann mich in eine Anstalt einweisen lassen? Vielleicht redet sie deshalb nicht mit mir. Sie ist zwangstherapiert. Gesellschaftliche Erziehung nennt man so etwas!"

Sie steht auf und inspiziert sie. Pustet ihr in die Haare, geht um sie herum: „He, du, vorhin hast doch gesagt, du kannst mich nicht sehen, also lebst du doch. Du bist eine Person, ein Individuum, hörst du? Was haben sie mit dir gemacht? Haben sie dich ruhig gestellt? Es geht gar nicht um mich, es geht um dich, nicht wahr. Sonst hätten sie mich auch ruhig gestellt."

Stellt sich vor sie hin, stößt sie an: „He, sieh mich an."
Frau in Weiß. „Wer, ich?"
Frau in Grau: „Ja, du!"
Frau in Weiß. „Ich kann dich nicht sehen."
Frau in Grau: „Aber reden kannst du, siehst du, du kannst reden, also sag, was haben sie mit dir gemacht?"
Keine Antwort

„Ja, das gibt es doch gar nicht. Warum bist du wieder verstummt? Liegt das an mir? Du kannst mich nicht leiden, nicht wahr?"

Keine Reaktion

„Hm, gut, dann lass ich dich jetzt in Ruhe. Warte weiter stumm vor dich hin! - Seltsam. – Diese Augen, klar und undurchsichtig. Ein Schatten ihrer selbst. Ja, sie ist nur ein Schatten."

Sieht sie sich wieder genauer an

„Ein Schatten, - ist sie mein Schatten? Mein eigener Schatten? Kann sie mich deshalb nicht sehen? Meine Schattenseite hat sich von mir gelöst und lebt jetzt eine eigene Existenz. Wer bin ich ohne meinen Schatten? Mir fehlt etwas, ein Vakuum, leer, blass, grau."

Tastet um sich herum, ungläubig. „Ich bin gespalten. Mein Gott, ich bin gespalten. Das ist nur ein Teil von mir!" betastet sich weiter. „Das ist nur ein Teil von mir. Kein Wunder, ich kann gar nicht existieren. Mir fehlt der halbe Mensch. Das ist nur ein Teil von mir und sie ist der andere Teil."

Geht auf sie zu. „He, du, du musst zu mir kommen, um wieder zu mir kommen zu können. Wir bleiben sonst für immer getrennt in diesem Vakuum des Nichts, ohne Leben, ohne Licht, ohne Erinnerung. Willst du das? Ich nicht. Also komm jetzt"

Zerrt an ihr herum, damit sie aufsteht. Frau in Weiß steht auf, um sie herum eine Aureole des Lichts.

„Komm zu mir, damit du in mir sein kannst. Komm, du Ich!"

Versucht, sie in den Arm zu nehmen, kann sie aber nicht umarmen, der Lichtkreis ist nicht zu durchdringen. „Du bist ja so hell. Wärst du mein Schatten, müsstest du dunkel und ich hell sein. Aber es ist umgekehrt. Bin ich mein eigener Schatten und du die Sonnenseite? Ist es deshalb so hell in deiner Nähe. Habe ich dich nicht sehen können, so wie du mich nicht siehst?"

Kann den Lichtkreis jetzt durchdringen, betastet sie.

„Du bist ganz warm. Und ich friere! Wärme bist du, ja, Wärme. Ich existiere nicht mehr, weil ich meine Sonnenseite verloren habe. Mein Gott, ich wollte dich nicht wahrhaben, ich hab dich verdrängt, mich selbst betrogen! Ist es das, was du von mir willst, den ganzen Menschen, mein Gott? Sonnen- und Schattenseite? Hab ich mir meine Freiheit selbst genommen, meine Lebendigkeit, meine Selbstbestimmung? Bin ich geflohen vor mir? Eher geht ein Kamel durch ein Nadelöhr als.."

Sie stockt. „Ein Kamel bin ich nicht. Nein. Das nun wirklich nicht. Ich bin Schatten und Licht. Jeder ist Schatten und Licht. Wie die Schöpfung. Und es ward Morgen und es ward Abend. Und Gott sah, dass es gut war. Es ist gut, Licht und Schatten zu sein. Gott will es so. Die Menschen spalten, nicht Gott. Ich will mich selbst empfangen, in mir sein, mit allen Sonnen- und Schattenseiten. Frau sein, Mutter sein, Mensch sein. Eine Person, ein Individuum. Die Menschen betrügen sich selbst um das Leben!"

Nimmt sie in den Arm. „Du bist so warm. Komm, kannst du mich jetzt sehen? Dann umarme mich. Gott wartet schon."

Sie umarmen sich. Der Lichtkegel fällt auf beide. Der Bühnenraum wird dunkel. Ein Stern leuchtet auf.

Drei Glocken im Turm

„Der Unterschied zwischen Landschaft und Landschaft ist klein, aber es macht einen großen Unterschied, wer sie anschaut."
Ralph Waldo Emerson

Stolperfalle

Die flachen Wurzeln der Pinien
krallen sich in den Boden
stemmen Grund und Asphalt auf
ausschlagende ausbreitende Ankerpfosten

krummhackig
knorrig
rundbögig
bodenständig

und doch stolpern wir
über so viel sichtbaren Urwuchs
auf unseren Wanderungen
nach Anderswo

Hanauer Mittagsmärchen

Heckenrosen glutrot Hibiskus blütenweiß
dazwischen wild wachsender blasslila Günsel
schläfern entlang der Steinheimer Wehrmauer

die Gassen der Fachwerkbauten kleiden
Pflastersteine mit Märchenaugen aus
Hänsel und Gretel suchen nach dem
Knusperhäuschen

Rotkäppchen läuft dem Wolf
mit einem Obstkorb davon
auf den Bänken des Hofbräuhauses
ducken sich die Bremer Stadtmusikanten

in der Altstadt döst im Café Hutten
das Aroma der Röstmischungen
strömt über Gartentische in die Blumenkästen
und trägt das Summen labender Insekten
in den kornblauen Himmel in den Frau Holle
zwischen Sonneninseln
haufenweise Federwölkchen haucht

eine diebische Elster kauert ermattet
auf dem Stadtschloss des Alten Rathauses
eine schwarze Katze schleicht umher
im Blick die Beute des Mittagmärchens

nur die drei Glocken im Turm läuten
den Brüdern Grimm ins Gewissen
Dichtung und Wahrheit zu trennen

Saarbrücker Schlossgedichte

Schlossgarten

Zwischen den Terrassen der blühenden Gärten
weht ein grüner Duft
den du befragst wie den Schmetterling
der ins Blumenbeet schwebt
aufgefangen von Blütenköpfen
die Statuen bewachen

im Marmor der kathartischen Zeit
steht vor dir der steinerne Fürst
Licht behängt mit Schattenseiten
in denen du ausruhst

Orangerie

Die grüne Anordnung der Sträucher
blendet den Sonnenwind
Wärme fällt in die Tiefe der Wehrmauer

ein kartesischer Teufel
der ins Efeu eintaucht
und an Steinwänden wieder aufsteigt

Licht umwirrt dich mit Flimmern und Sengen
drückt dem Schloss ein weißes Siegel auf

das aufbricht wenn Schatten
sich dem Mond zuwenden

Schlossbrunnen

Lass den Brunnen
die hüpfenden Tropfen
in die Schalen
des Säulengevierts werfen

Goldtaler aus mildem Regen
die eine tiefe Sonne zählt
im Wolkendunst

welche die Ansammlung
feuchter Erkenntnis
vor sich her trieb
wie ein Geständnis
der Vergangenheit

Schlossgeschichten

Offene Fenster
die im Licht des hellen Tags
aufgereiht aufstehen im Gemäuer
dass die Wünsche der Sehenden
flüchten auf Sonnenwegen
in den blauen Dunst

bevor sich eine Schar Touristen
über den Pflasterpfad drängt
sich durch die Türflügel engt
die eine unsichtbare Hand öffnet
um die Wendeltreppen
zu erklimmen wie Bergsteiger
der Geschichte verbrannter Steine

Saarbrücker Schloss

Die kleinen Quader aus grauem Stein
pflastern den Pfad
geradewegs in den Sonnenlauf

Gewölbe aus Glas
getragen von Wendeltreppen
verbindet die Schlossflügel

sie führen hinauf in die Kuppel
in den Spiegelsaal
in dem Amalie
in fürstlichem Glanz
tanzt

im Schloss aus Vergangenheit
nistet Gegenwart sich ein
wie die Tauben

sie fliegen von Flügel zu Flügel
hinterlassen weiße Spuren
in der weißen Stadt

die im Licht der sinkenden Sonne
sich frei atmet
vom Staub der Zeit

Unsichtbares Mahnmal

Schatten wirft der alte Baum
im Turm schlagen die Zeiger der Uhr
eine unirdische Zeit
nein, dieses Sonnengeplänkel
dringt nicht ins Gestein

es liegt ein Klagen in der Luft
das aus Gefängniszellen
des unterirdischen Labyrinths
nach oben weint
sich auftürmt

und tausende Hände
greifen nach Luft
halten sich daran fest
klettern auf Wolkenstege
um davon zu eilen
mit heiler Haut
in den Himmel

unsichtbar bleibt
was unerhört
nur die kleinen grauen Quader
zählen die Namen der Friedhöfe

eine Inschrift
in die Zeit getrieben
wie die Bibel die der Wind aufblättert

Nanteser Platz

Hinter dem alten Rathaus
wachsen die Bäume
aufrecht in den Himmel
eine Hoffnung die wissen will

auf parkende Autos
werfen sie Schatten

Männer werfen
Stahlkugeln
über den Boden
vor den Augen der Kinder

sie spielen mit Müttern
um den Brunnen der Liebe
sie sind rar geworden

nur die Straßenlokale träumen still
an den Tischen wartet der Mittag

Berliner Spaziergang, August 2015

Prenzlauer Berg

Hitzewallende Strahlen
zwischen den Dächern
wärmen den Weg
eine Verführung des Lichts

der grüne Atem der Prenzlauer Allee
schlägt dir entgegen
wie ein Sonderzug nach Pankow

Flugzeuge kreisen
im Landeanflug
vor dir wandelt die Zeit
in Kinderschuhen

im aufgewirbelten Staub
paradiert Walter Ulbricht
er streckt die Hand aus:
„Niemand hat die Absicht
eine Mauer zu errichten"

der Wagen hält an
Vollbremsung der Geschichte
malte bröckelnde Fassaden bunt
fünfundzwanzig Jahre nach der Wiedervereinigung
kennt Berlin nur noch Bauzäune

Karl-Liebknecht-Straße

Die Saarbrücker Straße
durchkreuzt die Karl-Liebknecht-Straße
Paradestrecke eines Déjà vus:
Kaugummi verklebte Bodenplatten
vor der Backfabrik

Luftblasen platzen
im auffrischenden Wind
im Grün der Gärten
längst verblasst
das Gesicht Erich Honeckers

nahe dem Stasizentrum
steht ein stahlverhauener Arbeiter stramm
vor Augen die Silhouette
des Fernsehturms

Münchner Hofbräu leuchtet
als Inschrift herüber
die holzgeschnitzten Tische und Bänke
des „alten Fritz" bleiben leer zurück

ich laufe weiter über „Gehwege mit Schäden"
die Sonne blitzt mir ihr Licht in die Augen
für die Klarsicht auf das Zentrum
der Stadt

Berlin Alexanderplatz

Die Zeit wird restauriert
Züge fahren in alle Richtungen
in der Luft thronen die Buchstaben
der Berliner Zeitung

eine Reisegruppe spricht hebräisch
fotografiert und schlendert
über den Alexanderplatz
im Sucher jüdisches Leben

in der Nikolaikirche
sind die Stimmen verstummt
der Cherub des Glaubens schwebt
auf den Engel der Treue zu
Maria hat das Kind verloren
das Volk hat sich selbst entlassen

der Rundgang ist gebührenpflichtig
zwischen den Grabsteinen berühmter
und weniger berühmter Zeitgenossen
betrachtet Paul Gerhard sein Werk

in der evangelischen Marienkirche
wurden vormals Ungläubige geköpft
katholische Christen
wurden zu Minderheiten

Berlin Lustgarten

Das rote Rathaus ist bewacht
eine Steintafelbordüre hält
das Mauerwerk zusammen
in ihren Reliefs diskutiert das Parlament
Köpfe rauchen im Turmzimmer

unterhalb der Stadtverwaltung
stauen sich schwitzende Touristen
an der Schiffsanlegestelle
für die Rundfahrt auf der Spree

Planierraupen sind unterwegs
Umwege mit historischen Bauplänen
verstellen den Ausblick
zum gegenüber liegenden Dom
den Spaziergang durch den Lustgarten
versperren Bauzäune

im Dom herrscht Besichtigungsfieber
Huldigungen Schinkelscher Architektur
mit Kameras und Tablets

im Glasfenster schüttet der Kelch
seine Liebe in den Altarraum
die Taube fliegt unermüdlich
über alle Köpfe hinweg

der Raum der Stille
ist wie ein offenes Geheimnis
Gottesfürchtige suchen vergeblich nach Andacht

allein die Gebetskerzen auf den Eisenständern
brennen für die Himmelsgewissheit

Von Lorraine nach Aquitaine

„Es kommt mehr darauf an, wie du kommst, als wohin du reisest; deshalb sollten wir unser Herz nicht einem bestimmten Ort verschreiben." *Seneca(1. Jh. N. Chr.)*

Unterwegs auf der Rue D 984

Zwischen Ackerflächen leuchten
gelbe Rispenblüten
hörst du das Zittern zarter Gespinste
heller Gesang den der Frühlingswind dirigiert

im Vorbeifahren wechselt lila Flieder
mit Goldregen die Farbe
schwarzweißgefleckte Kühe
kauern genüsslich im Gras
endlos dehnt sich das Land in die Ferne
umsäumt vom vielfarbigen Grün
der Laubbäume

am Lac du Der warten am Sandufer
die Söhne Frankreichs auf den Trainingspfiff
Angler halten am Steg Fangruten in den See
aufgebrachte Vögel fliegen Kampfjets davon

während die Straße die Ziffern wechselt
rennt zwischen Ceffonds und Louze
ein Rudel Rehe der Zeit davon

Vormittag in der Champagne-Ardenne

Rosskastanien breiten majestätisch
ihre Äste über Wiesen aus
rosa Blütenkerzen brennen in den Himmel

im Gänsemarsch schlendert
am Zaun entlang eine Kuhparade
unter überhängendem Gesträuch
lässt sie sich für ein Schäferstündchen nieder

Weizen schosst messerscharf in die Höhe
ins samtgrüne Feld stößt Luftgebläse Wellen
bis das Getreide die Klingen kreuzt
Rapsfelder verlieren ihr Gelb

in Ceffonds schneidet die Kirche
ihr Mauerwerk in die Straße
weist Pilgern den Weg zur Kapelle
für das Stundengebet des Frühlings

Fachwerkhäuser lehnen sich zurück
empfangen Goldregen und Fliederblüten
vor den Toren des Eingangs
von blauen Schwertlilien bewacht

Maitag am Lac du Der

Entengeschnatter und Froschgequake
unterm Sumpfgras
schallt in den blauen Himmel
in die Sonne die den Vormittag
mit Wärme überschüttet

junges Laubgrün leuchtet auf
roter noch feuern Blutbuchen
ihre Blattteller an
schnarrende Vogelrufe
auszuwerfen

Badende hocken im Sand
werfen Kieselsteine in den See
zählen die Kreise des Untergangs

Rauchschwalben halten
Familienkonferenzen ab
plustern Schwäne ihr weißes Gefieder
um dem Paartanz Glanz zu verleihen

nur die Krähen krakeelen
lauten Protest in den Wind
dass die Zauberei des Frühlings
im Sommer enden wird

Frühlingsfest

Zwischen Huflattich und Löwenzahn
leuchtet mit voller Glut Frühlingssonne
auf blühende Wiesen

verwandelt biegen sich
die Gespinste der Schirmflieger
hoffen auf Wind
um ihre Härchen in die Weite zu tragen

in Montier en Der spitzen die Türme
des Schlösschens ihre Ziegel
für die bevorstehende Feier
Kandelaber putzen ihre Laternen blank

ein Karussell probt die Rundfahrt
mit weißen Elefanten
ein weißer Pudel
rennt seinem Frauchen davon

Brienne-le-Chateau

Getreidefelder dehnen sich bis zum Horizont
vom Sprühregen der Bewässerung vernebelt
werden Saatfurchen zu Geisterpfädchen
auf denen Sprösslinge hüpfen und flüstern

im Regionalen Naturpark Forêt d'Orient
unterbrechen aufgeforstete Birkenreihen
den dichten Überhang der Eichen

die Landstraße führt geradewegs
in die Stadt Napoleons
im Spalier der Holzfabriken und Getreidesilos
thront hinter Eisengittern auf dem Hügel
die einstige Militärschule des Feldherrn

Geschichtstafeln erzählen von
Herkunft und Werdegang
Eroberung und Verhängnis

längst dient das verwunschene Schlösschen
kranken Seelen als Heilstätte

zwischen Vergangenheit und Gegenwart
klingt das Trillern der Pfeifen
wie Zuchtpeitschen

Karfreitag in der Champagne-Ardenne

Auf dem Hügel wacht Napoleons Militärschule
in Brienne-le-Chateau pflastern Kanonen den Weg

die Straße führt vorbei an Getreidefabriken
entlang hoher Silos die Mehlstaub verlieren
an die Wolkenwand welche den Sonnenstand
verdunkelt und die Aussicht

in Louze fegt rotköpfiges Federvieh
mit langen grünen Schwanzfedern den Asphalt
Fahrgäste bestaunen den Wandervogel
der den Reiseverkehr am Karfreitag
zum Stillstand zwingt

beim Verlassen des Ortes wechseln
Sonnenflecken mit Schattenfetzen
über den Kronen der Platanen
die mit Blattknospen überhäuft
auf Erlösung warten

hocherhoben wacht in Villeneuve au Chemin
auf der Sankt Joseph Kirche die Muttergottes
sie segnet das weite Land mit geöffneten Armen

Birken im blassgrauen Blätterflaum
bilden ein Spalier österlicher Standarten
Krähen posaunen Kreischgesänge zum Himmel

Die hängenden Holunderbüsche des Périgord

Ginsterwälle schluchten die Schnellstraße
blenden mit unwirklichem Gelb
Sonnentand fällt auf Reisende
auf der Fahrt durch den Naturpark Périgord-Limousin

vor Saint Junien versperren Steintafeln die Sicht
ragt Felsgestein schroff in die Höhe
als hätte das Zentralmassiv
seine stärksten Ausläufer verschickt

Holunderbüsche wachsen zwischen den Stufen
wie die Hängegewächse der Semiramis

unweit des Straßenrands begrenzen Baumalleen
die Auswüchse der Gebirgskette

auf den Ebenen grasen Schafherden
säubern ihr Fell im Licht der blauen Stunde

April in der Brenne

Noch liegt die goldgelbe Landschaft
im Schatten der Windkrafträder
die zu Luftgesängen im Kreis tanzen

im Meer der Rapsblüten schwimmen
zeitauf zeitab
die Zeiger der Sonnenuhr
rücken vor in die Brenne
vergegenwärtigen lichtklar
die Stunde der Krähen

verknittert die Blätter vergangener Sommer
die der Herbstwind hinterließ
uns kann das Rascheln nicht schrecken
wir kennen die Strecken der Jahreszeiten

Champagne Berrichonne

Windkrafträder stehen still
die Autobahn versinkt
zwischen den Hängen der Sträucher

auf dem Champs d'Amour balzen Krähen
Holunder steckt weiße Blütendolden
durch Laubzweige der Weiden
Mohnblumen nicken ihnen zu

Bauminseln von grünen Grannen
des Weizens umschlossen
lichtern ihr Gelbgrün in die Weite
bis eine Allee junger Eichen
die Sicht versperrt und den Blick
nach vorn ins Endlose zwingt

Land der tausend Teiche

Blaue Augen rollen über das Kornfeld
belichten am Aire des Mille Étangs
kreisenden Seeschwalben den Weg
durch den Naturpark der Brenne
der die Nachtschwere abschüttelt
wie Biber das Wasser

längst hat der Frühling Laubdächer geschlossen
verbirgt im verdichteten Blättergezweig
die Brut wieder bewohnter Vogelnester
in den Erlen stehen Nachtreiher still

Rinder weiden im Wildwuchs der Wiesen
kauen Sauerampfer und Gänseblümchen
ein Kalb saugt an der Mutterkuh
sinkt ermattet in den grünen Teppich
Wolkenschatten verdunkeln den Schlafplatz

Poitou-Charente

Aufgerollt liegt die Heuernte abgemähter Wiesen
in Ballen auf den Feldern des Poitou Charentes
die Landstraße wird zur Bergbahn
vom Gipfel fallen Autos ins Tal
als hätten sie von einer Sprungschanze abgehoben

die Ausbaustrecke endet am Querlauf der Grene
die aus rostroten Erdhügeln quillt
und die Ebenen fruchtbar hält
landeinwärts wiegen Akazien
weiße Blütentrauben im Wind

erste Weinstöcke filtern das Licht
für den Aufgang der Rebenreihen
vereinzelt klettern schon Rosenblüten
an den Fassaden der Häuser
rufen den Sommer aus

Pappeln silbern am Horizont
Muttergottesblumen
verwandeln Grasflächen
in lila Landschaften

Auf dem Weg nach Cognac

Von Pfosten zu Pfosten eilen Stromleitungen
werfen Schattengirlanden am späten Vormittag
auf die Rue Nationale

an den Straßenseiten wandert die Springprozession
der Rebstöcke erstes Weinlaub entblättert

bei Barbezieux bewachen linientreu auf Anhöhen
Birkenreihen den Straßenasphalt der zwischen
den Schutzwällen der Landschaft
endlos in die Ferne wächst
sich durch Ackerland und Wiesen schlägt
die sich von gelben Blütenständen übersät
im Fahrtwind wiegen

weiße Schafherden grasen,
weiden unter Baumkronen
nehmen Maß für die Mittagsruhe

Sturmgesänge am Atlantik

1
Das Meer rauscht schwarzzüngig
höhere Luftschichten der Regenfront
saugen gierig Land auf
Raubvögel retten sich

Dünensand fliegt davon
sturmgebeugt legen sich
Strandgräser schützend
über Röhrenwürmer

den lautesten Groll tragen die Fischer
Absinth gestählt mit salzgespülten Augen
in die Hafenkneipen
wo das Seemannsgarn
die Haut zusammenhält
wie Fesseln den Entführten

nirgendwo hält Licht
was es bei Flaute verspricht
Orkane kennen keine Stille

2

Das Meer bauscht braust
tobt am Ufer den Groll
über den Fischverlust aus

Schiffe kentern kieloben
Haie vertreiben Riesenkraken
vom Futterplatz

wer den Wächtern der Naturgewalt
entkommen will
braucht Schwimmhäute

3

Wie Wolkengewäsch
donnert plötzlich Regen
aus dunklen Schatten

Hörst du wie Wellen
an Land schlagen
Gischt über die Brandung peitscht
vor Zorn schäumt

uns trifft die Wut nicht
wir haben das Chalet nicht verlassen
wir halten die Hände übers Feuer
betend zum Himmel
dass der Sturm vorüber zieht

4
Pinien säubern sich von
vertrockneten Nadeln
zerfressenen Kieferzapfen
Wurfgeschossen des Winds

morgens zeigt das Ausgetobte
mildere Zähne kaut
vergangene Stunden wieder
bis wir die Schäden die Unordnung
verdauen beginnen wir langsam
den Schrecken in die Schranken
zu weisen

5
Vogelgezwitscher
ziept aus den Pinienkronen
erster Flugverkehr

Stühle trocknen ab
auf dem Tisch Kaffeegeschirr
Tassengeklapper

wir zollen Respekt
vor des Meeres Wetterzorn
hissen den blauen Peter

Donnerwetter

Müde Sonne glüht nicht mehr
Himmel gab die Farbe her
Wolken hängen tief und satt
Meer streicht seine Wogen glatt

Nur der Wind er braust und tobt
von Wald und Dünen hochgelobt
bricht in Mittags Trägheit ein
schleudert Nass durch Mark und Bein

Danke vielmals sagt die Landschaft
applaudiert von ihrer Mannschaft
und der Gast sagt alle Wetter
Donnerblitz wat für 'ne Retter

Ebbe

Das Meer zieht sich zurück in der Ferne
blinken Schaumkronen aufgebrachter Wogen
Bojen für Seemöwen deren weiße Silhouetten
sich im Wasser spiegeln

die Wellen rauschen Gischt ans Ufer
hinterlassen Muschelkämme und Sandbänke
zwischen den Rippeln läuft Strömung aus
sie sammelt sich im Sog kleiner Strudel
Kieselsteine verschwimmen sich im Rückfluss

während ein Habicht am Himmel kreist
tippelt ein Strandläufer hält kurz an
um im Schnelldurchgang übers Watt zu rennen
Strandfischer versetzen ihre Angelruten
an die Flutgrenze

Sonnenanbeter breiten Badetücher aus
Strahlungsfläche weißer Haut
wenn du den Kopf gegen die Windrichtung drehst
dröhnt aufbrausender Wind in den Ohren
Eingecremte werden zu Sandmännchen

Nordische Impressionen

„Die wirkliche Entdeckungsreise strebt nicht nach neuem Land, sondern danach, Dinge mit neuen Augen zu sehen."
Norwegische Redensart

Im Norden

Grünland rollt Welle um Welle an
die Ostsee umspült Jahrtausend alte Nehrungen
Kraniche hacken sich auf Rastplätzen fest

durch Mooswiesen und Heidefelder
krümmen sich Pappelalleen
verlieren sich hin und wieder
in kleineren umwachsenen Wegen von
      hüfthohen
         mohnroten
            kornblumenblau
               durchsetzten
                  Gräserwehen

hochkantig aufgerichtete wettergepeitschte Feldsteine
überschuppt von gelben Moosflechten
rufen nach Odin um ihn aus alten Buchen hervorzulocken

austreibende Blätter filtern das Licht
in dem sich schemenhaft sein Geist verbirgt
er überlässt sein Geheimnis
plötzlich aufwirbelndem Wind

Sonnenuntergang am Meer

Sonne brennt orangerot im Sand
klettert dunkler werdend
auf das Dünendach und zinnobert

am überhängenden Rand
strecken Halmhorste sich
borstig gegen den Himmel
als riefen sie: uns hat die Nacht erobert

unterhalb des Hügels
mäandern Graspfädchen
in dämmernden Schatten

entfernt treiben Schiffe
auf die untergehende Sonne zu
die abgetakelten Fregatten
machen die Schotten dicht

bevor sich die tiefblaue Dunkelheit
mit dem Meerwasser
zu einem einzigen

unendlich weit
      schwingenden
            Wellengang
vermischt

Am Stavanger Dom

Seevögel kreisen
pendeln
zwischen Ölplattformen
und Hafengelände

am Dom schreien dutzende Möwen
drohen mit Flügelschlagen
im Kampf um Sitzplätze

eine fliegt auf
landet auf der Haube der Parklaterne
mit himmlischer Aussicht

thront minutenlang
majestätisch
über den lärmenden Artgenossen

im See
paddeln Schwäne und Enten
sie stören sich nicht
am Gerangel der Artgenossen

sie putzen ihr Gefieder
für den Goldlack
den die Sonne
über die Wasserhaut sprüht

Im Hordaland

Inselland aus Felsgespränge
Brücken verhaken die Wasserländereien
schlagen Pfeiler in den Meeresboden
Haltepunkte im Unbeständigen

Tunnel verbundene Landzungen
schlürfen Sand aus der Flut
die Quallen ausspuckt wie Bittermandeln

schwarze Schafe grasen auf Wiesenhängen
die ins Tal führen unter weißen Schafen
Kühe dösen gesättigt im Mittagsschlaf

längst sind die Goldminen abgegraben
das Edelmetall ausgeschöpft
Grubenlampen werfen Licht ins Dunkel

aus der Ferne klingen Shantys
aus vergangenen Tagen
rufen nach Fischern und Netzen
die über Dächer geworfen

Sommerhäuser staunen leis
über den späten Fang
sie blenden weiß wie Licht

Im Selbjörnsfjord

Immer wieder Geröll
Steininseln mit scharfkantigen Graten
ragen inmitten des Selbjörnsfjords
aus dem Tiefblau

darüber Lachmöwen kreisen
rasten schwingen auf

an den Felswänden
flüchten Erikafelder in den Himmel
verdichten Gräsergrün Fichtenbewuchs

Leuchttürme wachen über Fahrrinnen
Bojen markieren Seewege
für die Wendepunkte des Lichts

am Pier in Brandasund
blickt ein Seemann in die Ferne
eine Linie erahnend
am Horizont der Wünsche

Bootsfahrt

Zerklüftungen der Eiszeit
Poseidons Wasserarme greifen aus Untiefen
nach Felswänden mit starken Planken
wäscht sie gelb im Flutbereich

Möwen landen auf taumelnden Schären
hüpfen übers Steinland
Wellen raunen in der Wasserschlucht
im Spülsaum schweben lauernde Quallen

inmitten der Fahrrinne holpert der Schiffsboden
rumpelt rau schrammt mit Eisenklängen
über Steinspitzen die aus der Tiefe wachsen

„Gestern war noch alles frei",
ruft am Steuerrad der Kapitän
den Passagieren des ausgemusterten Postschiffs zu

Im letzten Jahr lag die Granvin
leckgeschlagen am Felsrand

Spaziergang auf Bömlo

In der Frühe Nebelfrische
Kreischen und Krähen
über dem Strandhaus
mit eingerissenen Brettern
an verwitterten Holzwänden
Vögel sammeln sich auf dem Dachgrat

am Steg schaukelt ein blaues Boot
als wollte es Häusern winken
deren Fenster im Sonnenlicht
vom gegenüber liegenden Ufer
herüberblinken

Ackerwinde schlingt sich
um Zäune und Bäume
mit schneeweißen Blüten
Ebereschen hängen voll mit Vogelbeeren
am Wegesrand senkt Fingerhut
den purpurnen Flötenkopf

auf gelben Blütensternen
schwärmen Hummeln
schwanken verzückt auf der Süßspur
betrinken sich
am himmeloffenen Tag

Winter im Stavanger Hafen

Eiswind des Nordmeers schlägt Böen
ins Hafengesicht der Fähre
die zur nächsten Überfahrt am Kai lagert

der Wellenschlag wiegt
ein gelöschtes Frachtschiff
skandiert von Möwen im Aufwind
die über dem Futterplatz kreisen

am Fuße der Meeresbrücke
von der am höchsten Punkt der Stahlseile
ein Tannenbaum strahlt
werfen die weißen Schmuckhäuser der Altstadt
weiße Lichter auf die Wasserfläche
die den Glanz leuchtend widerspiegelt

die Masten der Segelschiffe erwidern
blinkend das Licht
abgetakelt rucken sie an den Seilen
als wollten sie sich
vor der frohen Botschaft verneigen

Weihnachtszeit in Stavanger

Den Pflastersteinen der Gassen
folgen Passanten in die Fußgängerzone
deren Straßenseiten Lichtgirlanden
mit Weihnachtskugeln verbinden

vor bunten Fassaden
flackern in den Laternen
der Altbauten rote Kerzen

unter den Heizstrahlern
der Kaffeehausmarkisen
werden Sitzbänke mit Lammfellen,
lila Kissen und roten Decken ausgepolstert

hinter den Fenstern genießen Gäste
zu amerikanischen Weihnachtsliedern
heiße Schokolade
darin Rentiere durch den Schnee stapfen

über allem ragt die Kirchturmspitze
steile Gassen führen zu ihr hinauf
wie ein Sternenlauf
Pilgerweg für Besucher und Tauben

Wind flüstert merry christmas
verströmt in den Straßen
den Harzgeruch der Tannengebinde
eine Mutter wiegt ihr Kind im Arm

Durch Jahr und Tag

„Wenn Dir ein Narr erzählt, dass die Seele mit dem Körper zusammen vergeht, und das, was einmal tot ist, niemals wiederkehrt, so sage ihm: Die Blume geht zugrunde, aber der Same bleibt zurück und liegt vor uns, geheimnisvoll wie die Ewigkeit des Lebens." Khalil Gibran

Monatslosungen

Der Februar ruft Narren
Der März schiebt den Karren
Der April kann gut posen

Der Mai pflückt Hagebutten
Der Juni rockt Rosen
Der Juli wandert in kurzen Hosen

Der August verbrennt Hitze
Der September soll sie kosen
Der Oktober lockt alle Herbstzeitlosen

Der November tropft in Ritze
Der Dezember schenkt Engelputten
Der Januar wirft über Feuerwerk Kutten

Auf der Gartenbank hinter dem Haus
frühmorgens in der Wiese sitzen
nichts hören als Vogelstimmen
nichts sehen als Nebeldunst
nichts fühlen als feuchte Luft
am Himmel die weißen Schlieren der Flugbahnen
zwischen den Atemzügen spüren
die Stille allen Anfangs

März

Frostperlen
wenn uns das Märzherz schlägt
silberseidener Auftakt frühmorgens
Sonne nimmt Platz ordnet Strahlen
verschüttet Lichtschuppen

Sternenimitation für den großen Wagen
der mit der Entfaltung der Blätter
uns das Frühlingsgespann schirrt
wenn gefrorene Feuchte ins Grün tropft
blüht uns allergisch das Keimen

leicht strauchelt der Mondkreis
zieht sein weißes Schild zurück
Vogelstimmen unterm Heckengestrüpp
tuscheln über die Besetzung
leerer Krähennester

im Pollenflug verfangen sich Kätzchenhaare
niesen werden wir unter Forsythien
während wir Bänke aufstellen und schnurren
wenn der Wind Wärme aufweht

Katzenjammer

Die Sonne ruht morgens in Wolkennestern.
Wie müd sie gähnt! Die Strahlen fallen flach.
Das Dunkel dämmert, Sterne funkeln schwach,
der Mond vergilbt, er fängt schon an zu lästern.

Im Sonnenauge träumt der Schlaf vom Gestern.
Jetzt bläst der Wind, vertreibt ihn ohne Krach.
Der Himmel bläut, die Sonne jammert: „Ach". -
Und Schatten flimmern, sind des Lichtes Schwestern.

Ich dreh mich um, die Fensterläden klappern,
die Spatzen unterm Dach ganz munter plappern,
verkriech ins Betttuch mich, will mich nicht trennen,

doch Helligkeit durch alle Ritzen blitzt,
die Katze hin zur Klappe trippelt, flitzt.
Ich hör sie hinterm Haus 'ner Maus nachrennen.

Frühlingssturm

Der Sturm kam über den säuselnden Frühling
nicht aufschwellend wie aufgehende Knospenhörnchen
er kam peitschend über aufjüngende Wiesen
riss verstörend an den Körbchen
der Gänseblümchen
die sich eben noch das Aufblühen wagten
reinigte starres Geäst
von Losem und Halbstarkem
und schnitt seine Böen sausend und brausend
durch alles was sich ihm entgegenstellte

die zurück gelassenen Nester in den Kronen
schwankten hin und her
füllten sich mit Hagelkörnern
die wenig später wie Eisflocken zu Boden tropften
und Sonnenfunken in allen Farben blitzen ließ

unter dem Giebelkreuz rieben Krähen
ihre Leiber aneinander
schlugen mit ihren Schwingen
die Wetterkapriolen in den Wind
um den liebestollen Gesichtern
das Balzen zu entringen

auch dieses Jahr kehrten die Elstern
zurück in die Nester
im Tirili der Vogelstimmen
krakeelen sie und rauen

Wenn die Krähe ächzt hör ich
den Kampfschrei zwischen den Nestern

du siehst sie nicht zwischen den Mauern
der Häuslichkeit

Ich sehe nach oben finde nur dichtes Geäst
Knorren Knorpel Krümmungen

Ach ich gehe die Zäune aus Lebensbäumen ab
sehe die Durchblicke die der Wind freilegte
Astbruch der Stürme das Reisig

räumten die Vögel fort bauten Nistplätze
unterm Dachfirst ein Kopfschwung

Meine Haut nimmt Nebel auf tropft wie der Tau
von Stufe zu Stufe besteige ich den Treppenaufgang
gleich dem Abgang der Zeit und breche

würzige Kräuter Gräser Farn
fächere ich auf bau ich dir eine Laubhütte
auf dem Moosteppich

Die Sonne reift am Horizont
zur Orange in der Schale
eines Windhauchs

Frühlingsaufbruch

Ach dieses Licht sonnenblütig schirmvergessen
schon brennt lustvoll die Lampe der Morgenröte
auf schneeweißer Haut

Straßen im Aufwachrhythmus führen dich fort
du musst den Hort der Wärme tauschen
unter flachen Winden dich trockenföhnen
willst du die Zärtlichkeit der Blütenkörbchen teilen

zieh dich hell an
Frühlingsfarben spiegeln sich
im reinen unverbrauchten Untergrund

April

Wer sagt dass ein Frühling nur blühen kann
kein anderer als der April widerlegt dies
Schloßen wirft er donnert Blitze aufs Land
mit unbekanntem Ausgang

Regenreichtümer wirft er weg
wie Feldhasen die Fruchtbarkeit
hütet Blüten und Brüten
hinter vorgehaltener Wetterfront

in der Walpurgisnacht
tanzt er auf Dächern fliegt mit dem Wind
um die Wette hinauf zum Brocken
befeuert die Hexenfahrt
mit diabolischem Nachtwerk
um dem Mai die Süße zu rauben

Roter Morgen

Heut Morgen scheint der Himmel voller Sprenkel,
mal blau, mal rot, es ist die wahre Pracht,
als ob ein Ofen aus frisch geschürtem Schacht
die Farbenglut verschüttet; er hält den Henkel

des Topfes über Kopf. In den Senkel
hat die Sonne ihn gestellt, sie konnte die Macht
der ersten Strahlen nicht verschicken, gekracht
hat es schon früh, der Wind macht kein Geplänkel.

Die Kälte ist für manche wie ein Knebel,
der sich zuzieht, er bringt das große Zittern.
Ein Blumenduft bekämpft das karge Bittern.

Es wird doch hell und warm nach all dem Nebel
der letzten Zeit, es modert in den Grüften,
soll er abziehn, musst du die Fenster lüften.

Monduntergang

Der gebirgige Mond wirft seine Umrisse
über die Grate der Dächer
wandert durch die Straßen des Morgens
im hellenden Blau des sternverblassten Horizonts

kühl fegt der Windbläser über Straßen
wirbelt den Staub vergangener Tage auf
Nachtlaternen werfen Schatten
auf die knospenden Gärten

Frühaufsteher sehen auf die Uhr
gefangen im alltäglichen Zeittakt
stehen vor Ampeln und warten
auf den grünen Startschuss

der Tag beginnt
mit Fußtritten und Motorengedröhn
ein heimatloser Hund bellt vereinsamt
schnüffelt mit feuchter Schnauze
den Gerüchen des Lebens hinterher
angetrieben von der Hoffnung
doch noch fündig zu werden

Mittagsbad

Heut Mittag träumt der Himmel über Wiesen.
Er ist so blau, kein Wölkchen will sich mühn.
Die Margeriten um die Wette blühn
und Pollen fliegen, bringen mich zum Niesen.

Den Straßenasphalt Hitze lässt verfließen,
sein Teergeruch kriecht über Gartengrün.
Die Sonne hochsteht, ihre Strahlen glühn,
sie kann das Fliegen Bienen nicht vermiesen.

Ich liege auf der Bank, ein Baum wirft Schatten,
die Blätter rascheln zart und sind am Tuscheln,
die Maikäfer in Butterblümchen kuscheln.

Nur unser Nachbar putzt, bemalt die Latten
vom Gartenhaus, pfeift vor sich hin am Hüttchen.
Ein Rotkehlchen singt mit, badet im Büttchen.

Abendschlummer

Heut Abend rollt der Himmel Dunkelfalten,
er dämmert müde, hat das Blau verlieh'n.
Die Sonne sich zurückzieht, ist am Flieh'n,
ein wenig blitzt sie noch durch Wolkenspalten.

Die Vögel unterm Dach schalten und walten,
die Schnäbel plärren Hungermelodien.
Zikaden zupfen Grasharfenpartien
und Eintagsfliegen werden Nachtgestalten.

Im Sessel ruh ich aus, seh' Lichtgespinster.
Der Mond schon zwischen Sternen silbern blinkt,
als ob von oben einer mir zuwinkt.

Die Hummel brummt und süffelt noch im Ginster.
Ich süffle mit, der Schlaf befällt mich frommer.
Die Luft mich wärmt, ich spür, bald wird es Sommer.

Gewitter des Sommers

Wie schwer der sonnenheiße Lichtbruch donnert.
Die Wolken ziehen schwarze Schleppen übers Land
und streifen übers Gras. Sie reißen
das Blau in Fetzen wie eine papierne Wand.

Die Schleppen fallen, die grauen Mauerstücke brechen,
das Krachen in den Köpfen tobt und stürmt.
Die Augen glaubten das windige Versprechen,
das vor dir eine Sommerlippe sprach. Auftürmt

das dunkle Treiben, es atmet die Vergänglichkeit.
Über den Feldern treibt Nebel als ein Vagabund,
speit Dunstfontänen, kappt die Anhänglichkeit
mit hellem Scheinen aus dem Hintergrund.

Der sonnenheiße Lichtbruch wandert weiter.
Über der Stille des Dorfes hängt ein Regenbogenband.
Die Tropfenperlen in der Rinne singen Klagelieder
zum Vertrocknen in der Muschel der Sommerhand

Sterbender Sommer

Am Morgen plärren Tauben
aufziehende Wolken dunkelgraublau
treibt der Wind vom Meer herüber

aus der Höhe einer Pinienkrone schrillt
das Pfeifen der Finke
die Wetterfront wölbt sich kühl
über Dächer und Bäume

mitten im August stößt
die Herbstkehle erste Schreie aus
mir flößt die kämpfende Sonne
noch Wärme ein
eines sterbenden Sommers

Sommerauswärts

Aufrecht trägt der Lorbeer Früchte
errötet an der reichen Reife des August
blass verbrannt neigt sich zu Boden
Dünengras über den Hügeln Sandverlust

Salzwind fegt den Meeresatem
weit über die Wogen an des Ufers Muschelbrust
sommerauswärts reibt die Sonne
sich die Augen blendet mit letztem heißen Blust

Wellen sprechen mit feuchter Stimme
Möwen entsagen verlockender Jagdlust
Läufer trainieren am Strand die Muskeln
auslaufende Gischt ihre Spur just verwischt

Blitzbesuch

Er trat aus dem Dickicht zwischen Lorbeer Bambus Zypressen watschelte wie eine Ente im Humus von einem Halm zum nächsten bis er die Flügel ausbreitete und in die Höhe flog

seinen gelben Bauch teilte eine dunkle Linie den Kopf hellten am Schnabel weiße Federn die Augen umrahmt von schwarzen Kreisen eine Kohlmeise klein und flink so schien es

ihr stechender Blick war auf Samen in den Kröpfen der Kieferzapfen aus sie krallte sich ins gebrechliche Gezweig balancierte wie eine Tänzerin hackte pickte

die Wolken schoben sich zusammen zogen dunkle Schleppen hinter sich her die über den Boden streiften und hängenblieben

jetzt schossen Hagelschlossen durch den Luftraum zwirbelten im Geäst das wild umher fuchtelte um die kalten Körner wieder abzuschütteln

die Schwerkraft kippte den Vogelkörper kopfunter hing er an den zarten Zweigen die sich bedenklich in die Tiefe neigten er rutschte ab prallte auf den Moosteppich

Sekunden später richtete er sich wieder auf watschelte nun leicht benommen auf dem glitschigen Boden ins Dickicht zurück

Augusthimmel

Natur ist ein Meister der Landschaft,
geordnet nach Ecken und Kanten,
Flächen und Längen,
Lebensräumen, Schonungen, Jahreszeiten.

Noch heute verirrt sich
wer Wälder durchwandert
auf Wiesen Eisenhut findet
oder Küchenschellen

Ich suche sieben Kräuter
hoffe, sie wachsen immer noch
und sind noch nicht abgegrast
von findigen Investoren

Da eine Krähe, ein Habicht
oder war es ein Falke
der Schnabel ist der Beute gebogen
auch Sammler sind Jäger

Wolken ziehen sich zusammen
werfen den Grauschleier
über erhabene und aufragende Köpfe

Der Blick nach oben verrät es:
Himmelfahrt ist nichts für Schwindlige

Dämmerung

Welch glitzernder Sonnenfunk am Abend
die Motordüsen des Sportflugzeugs
brabbeln unter den Wolken
Auflösungszeichen der Stille blauer Stunden

im Schatten der Pinien huscht ein Pelztier
am Stamm entlang springt im Labyrinth der Zweige
mit der leichten Brise hin und her

unter dem Himmel fließt alles ineinander
das Rot das Gold das Grün
die scharfen Spitzen des Nadellaubs stechen
weiße Punkte in alles was untergeht

die Doppelpunkte der Kugellampen fallen
noch lichtscheu als Kreise und Linien
auf schmale Wege

das Auge ahnt die Richtung der Ferne
die unablässig die Nähe der Gegenstände
ins Dunkel drängt

der Blick fällt zurück auf das Farbenspiel
das im hohlen Schlund des Horizonts verschwimmt

Im Garten

Ich grabe meinen Garten um
im aufstrebenden Oktober
versetze Statuen und Monumente
als wäre er ein öffentlicher Park
bewundert begehrt ersehnt

Dabei wachsen nur widerstandsfähige Pflanzen
bieten Käfern und Insekten
Unterschlupf im Unterholz

Das ist der Herbst aller Dinge:
säubern ausputzen zurückschneiden
Laub schäufeln aufhäufeln
über empfindliche Hölzer
Zwiebeln setzen und Knollen bergen

Vor dem Frost rüste ich noch einmal auf
mit allen Farben die der Herbst zu bieten hat
Winterheide Astern Georginen

versorge die verbliebenen Gartenbewohner
mit Futterhäuschen und Wassertränke

jetzt wo grün auf dem schwarzen Boden
sich mit rot und gelb vermischt
hat die Rose ihr Haupt geneigt

sie verschweigt alle Gespräche
und vertagt sich mit Hagebutten
ins nächste Jahr

Zwischenzeiten

Ja ich weigere mich weigere mich
zu hoffen auf die Rückkehr
des Grüns in kalter Jahreszeit
ich begnüge mich mit Immergrünem

die Tanne schüttelt ihre Nadeln weiß
wenn es flockt das Wachstum
an den Zapfen stockt

Wintervögel meine liebsten Nachbarn
wissen um die Bedeutung des Restzustands
des Übriggebliebenen Ausharrenden Vergessenen

aus nichts besteht die Nahrung der Nestflüchter
als aus dem Treiben der Natur
aus sich selbst geschöpft das dunkle Keimen

bis ans Ende des Winters nährt das Klima
die Saat in den unteren Schichten der Erde
die Glut der Mitte wenn sie an die Kruste gedrungen
Höhle Nest und Nistplatz wärmt

dann hoffe ich hoffe ich wieder
auf die Rückkehr des Grüns
und den Aufgang der Keime

Wendekreis des Herbstes

Noch strahlen farbenkräftig Asternsterne
an Mauern rötet sich der wilde Wein
wo Licht ist fallen graue Schatten ein
die Sonne wärmt das Land aus weiter Ferne

auf kalten Feldern harren manche gerne
die Drachenleine zerrt am Hosenbein
den Höhenflug bewundern Groß und Klein
der Herbstwind spricht zu dir: das Fliegen lerne

ein Bergfried blickt ins Tal vom hohen Turm
wer kann im Stillen frische Quellen finden
wer spendet Nahrung unter kahlen Linden

was heilt und bleibt zurück vom großen Sturm
kannst du dich selbst nicht mehr an Festes binden
ein Buntspecht hackt sein Nest in harte Rinden

Regenfrucht

Den brüchigen Spuren der Winde
im strohgelben Korn enteilen die Krähen
zackige Form Futtersuchender

zeichnet mit Dunstverdrängung
im nachgewittrigen feuchtgesichtigen
Nebelhorn Bilder wilder Gier

Der Spinnenkuss vor dem Tod
der Nachtigall die liedlos verflogen
die Stunde der Gärten Blühlust versäumt

geneigte Köpfe geräumter Beete
schleifen den Boden blank
mit goldenem Blätterblust

vom Baum fällt der Apfel
ins Polster des Niederschlags
wo der Wurm das sichere Gehäuse verlässt
zum Gefallen hungriger Schnäbel

Beerengesang

Die verdornte Hecke streckt ihre Beeren
sterbenden Tagen zum Trotz
gereift in den Nacken der Füchse

schwärzliches Blut fließt aus den Häuten
entlässt des Aromas süßes Bitter
färbt sich durch Schürzen und Röcke

eben noch Rose kratzt die Hagebutte
am Zaun feurigen Herbstes
inmitten herben Holunders

mir aber bleibt diese milde Stille
das mattere Schmettern der Vögel
aus den Nestern grauen Gewölks

Mundpropaganda

Brombeeren in vollem Fruchtfleisch
hängen saftgesättigt
im Dornenstrauch

Dort wo der Hauch des Regens
Sonnenhitze kühlt
klirrt süßes Tropfen ins Gras
Beeren singen das Mittagslied

Vögel hüpfen im Freudentanz
trällern die Nachricht
von Schnabel zu Schnabel

Verdunklung

Graue Verdunklung trübt den frühen Herbst,
Dämmerungsschatten werfe ihre Netze
über Häuser. Was du von späten Rosen erbst
verbleibt dir bald als Hagebuttenschätze.

Die Schatten wandern, wenn der Nordwind bläst,
sie wühlen in den Köpfen, schärfen Blicke.
Wo Fuchs und Reh im kühlen Forst geäst,
das Mondlicht flackert im Geläuf der Ricke.

Kein Traum, der Zeit entwirrt, kein Lächeln,
nebliges Gähnen wie die stumme Leere
verlass'ner Häuser, ein letztes Sehnen, ein Hecheln
nach Vertrautem, nach Nähe, ein Verzehren.

So viel Verdunklung, in der sich Schatten bündeln
in der späten Stunde zur geschloss'nen Wand.
Wenn Sonnenfunken wie die Blitze zündeln
stirbt die Nacht als morgendlicher Feuerbrand.

Farbwechsel

Auf den Hügeln überschlagen sich
letzte Feuerwellen des Sonnenrads
brennen die Gräser blass
Felder dunsten aus

Heuschrecken hüpfen auf Heinzen
verstecken sich vor der Sonnenwende
in den Horsten Halme zittern blütenfrei

Im Wanderschuh wechselt das Land
Farbe und Form Licht und Schatten
ich binde die Schnürsenkel
um im Holprigen den Stand
nicht zu verlieren

In der Ferne Schwarzwild
rottet sich zusammen
suhlt sich vor dem Frost
verschlammt Humus und Stämme

es verlor die Scheu vor dem Tag
vor dem Schlaf der die Dörfer befällt

nebeltrunken
feuchtbefallen
kaltgestellt

Die Stunde des Siegers

Die Stunde des Siegers gehört dir nun ganz,
wo immer der Wind weht, ein Blättertanz.
Die Zeiten sich ändern, du hast keine Wahl.
Die Welt wechselt mit ihr wie Berge und Tal.

Im Feuer fühlst du nur Licht, es strahlt überall.
Gib Acht und verbrenn dich nicht beim Maskenball.
Folg weiter der Sternenzeit, sie bleibt niemals stehn,
für alles mach dich bereit, es wird weitergehn.

Im Herbst Blätter fallen, ein Farbenglanz.
Wie immer der Wind dreht, ein neuer Tanz.
Die Stunde des Siegers lässt dir keine Wahl.
Wo immer der Wind dreht, sind Berge und Tal.

Im Feuer fühlst du nur Licht, es strahlt überall.
Gib Acht und verbrenn dich nicht beim Maskenball.
Folg weiter der Sternenzeit, sie bleibt niemals stehn;
für alles mach dich bereit, die Welt wird sich drehn.

Die Stunde des Siegers gehört dir nun ganz,
wo immer der Wind weht, in Blättertanz.

Deutscher Liedtext zur Melodie *"Chariots Of Fire"* von Vangelis. Der
englische Titel Chariots of Fire (Streitwagen aus Feuer) stammt aus
dem Gedicht „And did those feet in ancient time" von William
Blake.

Winterherde

Erfroren fällt Laub auf die Erde,
verloren überm Wurzelsaum.
Die Tiere wandern in der Herde,
naturgebeugt, ohne Beschwerde,
zum Rastplatz wird ein Tannenbaum.

Doch mitten in den weißen Welten
erschallt ein Röhren wie ein Schrei.
Zwei Hirsche sich entgegen stellten,
Geweihe ineinander schellten,
verwundet geben sie sich frei.

Die Herde weiterzieht nach Norden
durch Täler, Wälder, übern Berg.
Frostig und still ist es geworden,
die Wölfe lauern auf zum Morden,
die Hungerzeit vollbringt ihr Werk.

Nicht alle überstehn den Winter,
auch wenn die Horde sie beschützt,
den Lahmen und den schnellen Sprinter,
irgendwann bleibt einer dahinter,
ihm hat die Herde nichts genützt.

Und kommt die Zeit der milden Winde,
verweht die Spuren übers Land,
dass Eis und Schnee bald wieder schwinde
der Saft steigt nährt die harte Rinde,
ein Kälbchen seine Mutter fand.

Kalter Krieg

Des Winters Jagdhorn Frosthauch
fährt Krähen aus dem Kahlschlag
an die Winterfront wo Wolkengebirge
Eisnägel auf Dächer hämmern
Frostspäne splittern von Ziegeln
der Zimmermann verkauft keine Holzbalken mehr
nur abgeschottete Räume
durch die kein Fuchs mehr schnürt
und Schneisen reißt Wild wehrt sich
gegen den kalten Krieg mit Futtersuche
Winterjäger tragen die Büchse im Anschlag
uns kann der Schuss nicht treffen
wir haben den Winterbau nicht verlassen
wie das Heer der Vögel die zur Verteidigung
des Unterschlupfs eine Konferenz ausrufen
wir kehren den Schnee von den Stegen
wenn er um uns stöbert den Geist
mit seinem Ächzen vernebelt
und treiben das Feuer an
um der Starre zu entkommen

Überwinterung

Vor mir schwächelt die Sonne
abgeneigt das Fliehlicht der Horizonte
kaltfarbig

wo Dunkel den Tag bestimmt geht das Leben
ins Dämmern über stumm benommen
kleinräumig

ich tage in die Nacht betrachte
mit Lampenaugen den Ausfall des Hellen
wer kehrt heim schwankt
wenn der Frost Eisblumen sprüht

ich schöpfe Wärme aus den
Funken erdachter Morgenröte
Hoffnungslichter unter den Verkrustungen
der Jahreszeit hüllen Versunkenes ein
spenden Ruhezeit Auszeit Bedenkzeit

wenn die Saat aufgeht
löst sich die Verpuppung
entwachsen Keime der Erdzelle
schlankes Grün mit der Neigung zum Blühen

Winterfischen

Zeit des Eises
wenn erfrorene Stimmen
im Wasser treiben
uns überstürzt
die silbrige Haut des Nebels

bewegungslos die Fische
eingegraben in den Sand des Sees
Ungeduldige stoßen ihr Maul
gegen die Glaswand

Eisfischer haben ein Loch geschlagen
Luft zischt wie ein Geysir
reißt Mützen von den Ohren

die Beute zerrt
an der Winterangel
mit der Hoffnung
auf Freilassung

Polarlicht

Eiskammern des Winterschlosses
wir frieren in den Räumen der Kalthäusigkeit

Elchkühe durchforsten silbrige Frostwälder
in sich tragend die natürliche Vermehrung

selbst Wölfe hungern in der Tundra
ein Rudel legt die Blutspur
verbeißt sich verzweifelt im Schnee

das Heulen der Dunkelheit
schwächt die Sinne

Polarlicht blitzt hellt
für einen kurzen Moment
ein Lichtschweif
der einen Bogen zieht

hör nur
ein Kind weint
im Schoß der Mutter

Hier ist heut Nacht ein Kind geboren

Wie war es gestern doch so kalt,
es zitterten die Bäume,
als in der Nacht über mir's schallt,
dacht' ich, dass ich wohl träume.

Glitzern im Dunkeln überall,
ein Feuerwerk aus Licht,
als drängten Strahlen aus dem All,
als ob der Himmel bricht.

Und plötzlich sang und klang es hell
aus Höhen wie ein Chor,
als wenn geflogen Engel schnell
zu uns durch's Himmelstor.

Bei meinen Nachbarn brannte Licht,
die Frau bekam ein Kind.
Sie wartet lange unverricht', -
dass sie die Hebamm' find.

Ein Auto hielt, jemand stieg aus,
klingelte an der Tür.
Die Tür ging auf, die Tür ging zu,
ganz seltsam war es mir.

Die Nacht hat heut ein Kind gebracht,
wie damals zu der Zeit,
als hoch der Engelschor gewacht
am Himmelssaum von weit.

Ich sah hinauf, der Himmel blitzte,
schimmerte voller Schnee.
Ein Kinderschrei, ein Lachen hell,

die Frau stöhnte voll Weh
Hier ist heut Nacht ein Kind geboren,
wie damals zu der Zeit,
als Ochs und Esel bei ihm froren,
und Sterne blitzten weit.

Es klirrt noch immer hell und zart,
der Weg wird langsam weiß.
Der Winter hat sich aufgespart,
jetzt schickt er uns sein Eis.

Oh heilige Nacht

Heilige Nacht, die Sterne festlich scheinen
in der Nacht, in der der Heiland gebor'n.
Lange die Welt in Sünde lag und Weinen.
Als Gott erschien war die Seele erfüllt.
Ein Hoffnungsschimmer die dunkle Welt erfreute,
im Glorienglanz ein neuer Morgen hellt.

Fall auf die Knie, oh hör der Engel Stimmen.
Oh göttliche Nacht, in der Christus gebor'n,
oh göttliche Nacht, oh göttliche Nacht.

Lass durch das Licht des Glaubens dich hinführen,
mit heißem Herz wir an seiner Wiege stehn.
So geh mit dem Licht durch gold'ne Sternentüren
Auch fromme Waisen kamen ihn zu sehn.
Der Kön'ge König lag in einer Krippe,
für unser Heil gebor'n, ein Freund zu sein.

Er kennt das Leid, er wacht über Gefahren.
Sieh auf deinen Gott, hat sich erniedrigt für dich.
Oh göttliche Nacht, oh göttliche Nacht.

Wahrlich er kam den Nächsten zu lieben.
Sein Reich ist Liebe, der Welt Friedensfürst.
War ohne Scham, dem Bruder zu dienen.
in seinem Namen Gewalt hier zerbirst
Lobsinget ihm und preist ihn alle Chöre,
in seinem Geist den heil'gen Namen ruft.

Christus der Herr, oh preiset den Namen.
Die Macht, sein Glanz immer wieder erstrahlt.
Oh göttliche Nacht, oh göttliche Nacht.

Tag voller Freude die Ewigkeit uns spendet,
er kam, ein Lichterkranz uns umscheint.
Dass jeder Strahl die Schande überblendet,
die Macht und Kraft alle Völker vereint.
Sein Glitzerschein in unsren Herzen leuchtet
für allezeit, das ew'ge Leben naht.

Fall auf die Knie, voll Freude heb die Stimme.
Oh göttliche Nacht, oh Nacht in der Christus gebor'n.
Oh göttliche Nacht, oh göttliche Nacht.

„*Cantique de Noël - Minuit, chrétiens*"
Melodie: Adolphe Charles Adam, 1844
Originaltext: Placide Cappeau de Roquemaure, 1847

In den Höhen Engel singen

In den Höhen Engel singen,
himmlisch klingt ihr Lobgesang
und das Echo aus den Bergen
hell ertönt im Wiederklang

Gloria in excelsis Deo!
Gloria in excelsis Deo!

Schäfer, für wen ist die Feier,
wem erklingt der Engel Lied?
Wer hat diesen Sieg errungen,
den Triumpf, dass Schuld entflieht.

Gloria in excelsis Deo!
Gloria in excelsis Deo!

Sie künden Christ ist geboren
dass befreit er Israel
und voll Dankbarkeit und Freude
preisen sie Emmanuel

Gloria in excelsis Deo!
Gloria in excelsis Deo!

„*Les anges dans nos campagnes*"
Melodie: Volksweise Frankreich 18. Jahrhundert
Originaltext: Unbekannter Verfasser

Du lieber Weihnachtsmann

In dieser schönen Weihnachtsnacht
breitet der Schnee den Mantel aus,
die Augen sehn zur Himmelswacht,
die Kinder knien in dem Haus.
Bevor sie ihre Augen schließen
beteten sie und priesen:

Du lieber Weihnachtsmann,
wenn du kommst vom Himmel an
mit tausend Spielzeugsachen her,
vergiss die Schuhe nicht, die brauch ich sehr.
Bevor du gehst von mir,
zieh dich warm an, nicht erfrier.
Da draußen ist es bitterkalt,
wenn es auch mir ein wenig galt.

Ich warte auf den Tag, dass er bald anbricht,
um zu sehn, was du mir gebracht.
All das schöne Spielzeug seh ich im Traumlicht,
das ich mir gewünscht in der Nacht.

Du lieber Weihnachtsmann,
wenn du kommst vom Himmel an
mit tausend Spielzeugsachen her,
vergiss die Schuhe nicht, die brauch ich sehr.

Der Sandmann streute schon und ging.
Die Kinder gehn schlafen ins Bett.
Du kannst nun herkommen und bring
rücklings den Sack uns, sei so nett,
unter der Kirchen Glockenklänge
verteil die Überraschungen der Menge.

Und wenn du auf der schönen Wolke herkommst,
komm doch zuerst zu mir in unser Haus.
Ich war nicht immer lieb, nur wenn du mir frommst.
Verzeih mir bitte doch da drauß'.

Du lieber Weihnachtsmann.

„Petit Papa Noël"
Melodie: Henri Martinet, 1946
Originaltext: Raymond Vinci

O kleines Städtchen Bethlehem

Im kleinen Städtchen Bethlehem
ein Paar die Herberg fand,
traumlos in tiefem Schlaf vergeht
das stille Sternenland.
Doch in den dunklen Straßen
scheint auf das ew'ge Licht.
Hoffnung und Angst der Jahre heut
sich in dir verwirklicht.

Mirjam gebar das Christuskind,
das Heil zur Welt gebracht.
Die Engelschar verkündete
das Wunder dieser Nacht.
Und alle Morgensterne
strahlten in heilger Freud,
preist Gott, den König und lobsingt
den Menschen Frieden heut.

In aller Stille, ohne Laut,
dies Wunder uns geschenkt.
Gott kommt zu dir ins Herz hinein,
den Blick zum Himmel lenkt.
Er kam, uns zu erretten,
in Sünde lag die Welt.
Wo Seelen sich ihm öffnen weit,
tritt ein in Gottes Zelt.

„O Little Town of Bethlehem"
Melodie: Volksweise
Originaltext: Philipps Brooks 1868

Ein Stern leuchtet in Dunkelheit

Ein Stern leuchtet in Dunkelheit,
weist einen Weg zu dir.
Er leuchtet bis in Ewigkeit,
bis an die Himmelstür.

Von Herz zu Herz die Freude siegt,
es strahlt ein heller Schein,
das Jesuskind im Stall dort liegt,
lädt uns zum Leben ein.

Sein Licht erzählt von einer Nacht,
geboren ward der Christ,
der Herr der Herrlichkeit uns wacht,
der nicht mit Sünden misst,

Von Herz zu Herz die Freude siegt,
es strahlt ein heller Schein,
das Jesuskind im Stall dort liegt,
lädt uns zum Leben ein.

Ein Gott, der Erd und Himmel schuf,
erlöste uns're Welt,
vom Himmel hallt der Engelsruf
den Hirten auf dem Feld.

Von Herz zu Herz die Freude siegt,
es strahlt ein heller Schein,
das Jesuskind im Stall dort liegt,
lädt uns zum Leben ein.

So lasst uns alle weitergehn,
nach Bethlehem uns ziehn,
das Christuskind uns anzusehn,

uns vor ihm niederknien.
Von Herz zu Herz die Freude siegt,
es strahlt ein heller Schein,
das Jesuskind im Stall dort liegt,
lädt uns zum Leben ein.

Deutscher Liedtext zur Melodie *"Auld Lang Syne"*, schottisch, englisch wörtlich old long since. Das Lied ist eines der bekanntesten Lieder im englischsprachigen Raum.

Gott schenkt euch Freude allezeit

Gott schenkt euch Freude allezeit,
lässt keinen ungetröst';
denn Jesus Christus ward geboren,
der Retter uns erlöst.
Zu schützen uns vor Satans Macht,
wenn Böses er einflösst.
Oh hört diese Botschaft voll Freud,
Trost und Freud.
Oh hört diese Botschaft voll Freud.

Gott, Vater, himmlischer Regent,
dein sel'ger Engel kam
zu jenen Hirten auf dem Feld,
die Botschaft man vernahm,
dass dort in Bethlehem gebor'n
daselbst Gott ohne Scham.
Oh hört diese Botschaft voll Freud,
Trost und Freud.
Oh hört diese Botschaft voll Freud.

Den Hirten hat die frohe Kund
das Herz mit Freud erfüllt.
Sie trotzten Nebel, Wind und Sturm,
die Sicht getrübt, verhüllt.
Sie wendeten nach Bethlehem,
suchten das heil'ge Kind.
Oh hört diese Botschaft voll Freud,
Trost und Freud.
Oh hört diese Botschaft voll Freud.

Sie gingen hin nach Bethlehem,
dort wo das Kindchen lag,
fanden die Krippe mitten im

Esels- und Ochsverschlag.
Maria, seine Mutter kniet
und betete ohn' Klag.
Oh hört diese Botschaft voll Freud,
Trost und Freud.
Oh hört diese Botschaft voll Freud.

Nun singt dem Herrn und preiset ihn,
die ihr versammelt seid,
mit wahrer Liebe, brüderlich,
umarmt euch, denn ihr teilt
die frohe Botschaft: Weihnacht ist's,
vergessen ist das Leid.
Oh hört diese Botschaft voll Freud,
Trost und Freud.
Oh hört diese Botschaft voll Freud.

„God rest ye merry gentlemen"
Musik: Volksweise 18. Jahrhundert
Originaltext: Verfasser unbekannt

Bajuschki Baju

Schlaf mein Bübchen, Allerschönster,
Bajuschki Baju.
Mondschein fällt in deine Wiege,
deckt dich leise zu.

Ich will Märchen dir erzählen,
singen dir zur Ruh,
schließ die Augen nur und schlummre,
Bajuschki Baju.

Einmal kommt die Zeit der Steine,
die das Leben bringt.
Stemm den Fuss in Rosses Bügel,
dass es vorwärts springt.

Nähen werde ich aus Seide
deinen Sattel fein.
Schlaf mein Bübchen, lieber Kleiner,
schlaf nur friedlich ein.

Auch du wirst ein großer Held sein,
ein Kosak mit Herz.
Laufen werd' ich, dich begleiten
mit der Mutter Schmerz.

Bang vor Sehnsucht werd' ich warten,
trostlos Tag und Nacht.
Beten werd' ich, lege Karten,
dass das Schicksal wacht.

Deine Sorgen in den Augen,
fern in fremdem Land.
Schlaf mein Bübchen, schlaf solange

sie dir unbekannt.
Kleines Heiligenbild geb ich dir
mit auf deinen Weg.
Stell es auf, sich Gottes Aug
beim Beten auf dich legt.

Wenn du reitest in Gefahren
winke ich dir zu.
Schlaf mein Bübchen, Allerschönster,
Bajuschki Baju.

Kosakisches Wiegenlied „Spi, mladenec moj prekrasnyi"
Gedicht von Michail Lermontow, 1848
Musik: Russische Volksweise

Ein Tannenbäumchen wuchs im Wald

Ein Tannenbäumchen wuchs im Wald,
gebor'n in grünem Kleid,
wuchs auf, ist schlank und immergrün,
Sommer- und Winterzeit.

Der Schneesturm sang ein Liedchen vor:
„Schlaf Tannenbäumchen, schlaf!"
Der Frost im Schnee sich kalt verlor.
„Frier nicht, schlaf ein, sei brav."

Ein graues Häschen ängstlich hüpft
unter den Tannenbaum.
Schon lief der böse Wolf vorbei,
sucht es am Waldessaum.

Im dichten Wald knirscht Schnee, es quietscht,
die Schlittenkufen stehn.
Das Pferd im Zottelfell fest zieht,
dann kann es weitergehn.

Im Schlitten sitzt ein alter Mann
und treibt das Pferdchen an.
Dann steigt er aus und fällt den Baum,
die kleine schlanke Tann'.

Jetzt steht das Tannenbäumchen hier,
geschmückt zum frohen Fest
und alle Kinder freuen sich,
dass es sich feiern lässt.

Jolotschka
Text: Raisa Kudaschewa 1903
Musik: Karl Leonidowitsch Beckmann, 1905

Schlafe mein Jesulein

Schlafe mein Jesulein, Perlchen, mein Kleiner.
Schlafe mein liebstes Kind, schlaf ein, mein Einer.
Schlafe mein Jesulein, schlafe ein Schläfchen.
Mütterlein trocknet dir all deine Tränchen.

Schließ deine Äugelein, sind schwer vom Weinen,
schließ deine Lippchen zu, wie müd sie scheinen.
Schlafe mein Jesulein, schlafe ein Schläfchen.
Mütterlein trocknet dir all deine Tränchen.

Waldbeeren, süß und fein, Jesus werd' bringen,
mit ihm in Mutters Herzgärtchen wir gingen.
Schlafe mein Jesulein, schlafe ein Schläfchen.
Mütterlein trocknet dir all deine Tränchen.

Ich gebe Jesus Brot mit Butterschnippchen
leg ihm dazu hübsches Püppchen ins Krippchen.
Schlafe mein Jesulein, schlafe ein Schläfchen.
Mütterlein trocknet dir all deine Tränchen.

Schlafe mein Engelchen, du Wunderschönchen,
schlafe der Welt liebstes Blümchen mit Krönchen.
Schlafe mein Jesulein, schlafe ein Schläfchen.
Mütterlein trocknet dir all deine Tränchen.

Schlafe mein Rosenkind in tausend Blüten,
schlafe du Lilienlicht, will dich behüten.
Schlafe mein Jesulein, schlafe ein Schläfchen.
Mütterlein trocknet dir all deine Tränchen.

Leg holdem Jesulein Süßes ins Nestchen,
Mandeln, Rosinchen auch aus meinem Kästchen.
Schlafe mein Jesulein, schlafe ein Schläfchen.

Mütterlein trocknet dir all deine Tränchen.
Schlafe mein Jesulein, fall in ein Schläfchen,
schlummerst so lieb wie ein ganz junges Schäfchen.
Schlafe mein Jesulein, schlafe ein Schläfchen.
Mütterlein trocknet dir all deine Tränchen.

Schlüpfen wie alle jetzt unter die Decken,
sind wir ganz leise, um dich nicht zu wecken.
Schlafe mein Jesulein, schlafe ein Schläfchen.
Mütterlein trocknet dir all deine Tränchen.

„Lulaje, Jezuniu“
Musik und Text: Polnische Volksweise,
17. Jahrhundert, Verfasser unbekannt

Inhalt

Anmerkungen

S. 17
Lateinischer Textausschnitt aus der katholischen Totenliturgie,
Responsoirium ad Sequnetiam:
Libera me, Domine de morte aeterna
in die illa tremenda
quando coeli movendi sunt et terra
Dum veneris judicare saeculum per ignem
Tremens factus sum ego, et timeo
dum discussio venerit, atque ventura ira

Deutscher Text
Rette mich, Herr, vor dem ewigen Tod
an jenem Tage des Schreckens,
wo Himmel und Erde wanken,
da Du kommst, die Welt durch Feuer zu richten.
Zittern befällt mich und Angst,
denn die Rechenschaft naht und der drohende Zorn.

S. 18
Lateinischer Antiphon aus den Exequien, Überführung des
Leichnams von der Kirche zum Friedhof:
In paradisum deducant te angeli
Chorus angelorum te suscipiat,
et cum Lazaro, quondam paupere,
æternam habeas requiem.

Deutscher Text
Zum Paradies mögen Engel dich geleiten
Der Chor der Engel möge dich empfangen,
und mit Lazarus, dem einst armen,
mögest du ewige Ruhe haben.

S. 22

Agnus Dei - Teil des Ordinariums der Heiligen Messe das
nach dem Brechen des Brotes vor der heiligen Kommunion
von den Gläubigen gesprochen wird: Priester: „Denn so oft
ihr von diesem Brot esst und aus dem Kelch trinkt, verkündet
ihr den Tod des Herrn, bis er kommt." 1 Kor 11,23-26.
Vormals Fürbitte, heute Begleittext der Gläubigen:
Lateinischer Text
Agnus Dei, qui tollis peccata mundi, miserere nobis
Deutscher Text
Lamm Gottes, du nimmst hinweg die Sünden der Welt, er-
barme dich unser.

S. 23

„ Da sah Jesus seine Jünger an und sagte zu ihnen: Wie schwer
ist es für Menschen, die viel besitzen, in das Reich Gottes zu
kommen! Die Jünger waren über seine Worte bestürzt. Jesus
aber sagte noch einmal zu ihnen: Meine Kinder, wie schwer ist
es, in das Reich Gottes zu kommen! Eher geht ein Kamel
durch ein Nadelöhr, als dass ein Reicher in das Reich Gottes
gelangt. Sie aber erschraken noch mehr und sagten zueinan-
der: Wer kann dann noch gerettet werden? Jesus sah sie an
und sagte: Für Menschen ist das unmöglich, aber nicht für
Gott; denn für Gott ist alles möglich." – Mk 10,23-27

S. 27

Lateinischer Textausschnitt aus der katholischen Totenliturgie
Offertorium:
Domine Iesu Christe, Rex gloriae,
libera animas omnium fidelium defunctorum
de poenis inferni, et de profundo lacu:

Deutscher Text
Herr Jesus Christus, König der Herrlichkeit,
bewahre die Seelen aller verstorbenen Gläubigen
vor den Qualen der Hölle und vor den Tiefen der Unterwelt.

Bücher von Vera Hewener

Vermisstenanzeige. Gewidmet den ermordeten Juden des Naziregimes. Lyrik und Prosa. Libri BoD. Norderstedt 2000. ISBN 3-8311-0748-3. 2. erw. Auflage 2014. ISBN 978-3831107483.

Lichtflut. Reisenotizen. Lyrik und Prosa. Edition Calamus. Norderstedt 2001. ISBN 3-8311-1493-5. 2. erw. Auflage 2014. ISBN 987-3831114931.

Eine Neigung aus Blau. Gegenwartslyrik. Norderstedt 2002. ISBN 3.8311-3334-4. 2. Auflage 2014. ISBN 9783831133345

Bist Himmel mir und tausend Feuerfunken. Gedichte. Mauer Verlag. Rottenburg a/N. 2003. ISBN 3-937008-46-2.

Verwirbelungen der Zeit. Lyrik mit Bildern von Carolin Isele. WiKu Éditions Paris E.U.R.L. Paris und WiKu Verlag KG Berlin 2005. ISBN 3-86553-203-9.

Es kommen andere Ewigkeiten. Gedichte. WiKu Édition Paris ISBN 2-84976-018-8 WiKu Verlag 2007. ISBN 978-3-86553-189-6.

Himmelsstürme. Gedichte mit Fotografien. edition Wort Verlag Bitburg 2010. ISBN 978-3-936554-00-3.

Das Jahr: Dichtung in vier Sätzen. Gedichte mit Fotografien. BoD Books on Demand Norderstedt 2013. ISBN 978-3-7322-3168-3.

Zaubervolle Winterwelt. Gedichte, Geschichten, Notizen. Verlag BoD Books on Demand. Norderstedt 2014. ISBN 9783735761262.

Frühlingsserenade. Die schönsten Gedichte, Geschichten und Notizen zur Frühlingszeit. Verlag BoD Books on Demand. Norderstedt 2015. ISBN 978-3-7347-3140-2.

Die Blüte des Sommers. Sommeranthologie. Die schönsten Gedichte, Geschichten und Kalendernotizen. Verlag BoD Books on Demand. Norderstedt 2015. ISBN 978-3-7347-89540.